COMO LIDAR COM CLIENTES DIFÍCEIS

COMO LIDAR COM CLIENTES DIFÍCEIS

10 estratégias para vender
para pessoas desagradáveis
e melhorar seu desempenho

Dave Anderson

SEXTANTE

Título original: *How to Deal with Difficult Customers*

Publicado originalmente por John Wiley & Sons, Inc., Hoboken, Nova Jersey.

tradução
Claudia Guimarães

preparo de originais
Melissa Lopes Leite

revisão
Ana Julia Cury, Hermínia Totti e Joana Faro

projeto gráfico e diagramação
Abreu's System

capa
Miriam Lerner

impressão e acabamento
Yangraf Gráfica e Editora Ltda.

CIP-BRASIL. CATALOGAÇÃO-NA-FONTE
SINDICATO NACIONAL DOS EDITORES DE LIVROS, RJ

A561c Anderson, Dave
Como lidar com clientes difíceis / Dave Anderson [tradução de Claudia Guimarães]. Rio de Janeiro: Sextante, 2010.

Tradução de: How to deal with difficult customers
ISBN 978-85-7542-519-0

1. Vendas - Administração. 2. Venda. 3. Clientes - Contatos. 4. Sucesso nos negócios. I. Título.

CDD: 658.85
09-5008 CDU: 658.85

GMT Editores Ltda.
Rua Voluntários da Pátria, 45/1.404 – Botafogo
22270-000 – Rio de Janeiro – RJ
Tel.: (21) 2286-9944 – Fax: (21) 2286-9244
E-mail: atendimento@esextante.com.br
www.sextante.com.br

Este livro é dedicado aos muitos clientes desagradáveis para os quais já tive o privilégio de vender. Muito obrigado por me obrigar a melhorar. Mas sinto dizer que já perdeu a graça. Vocês não são tão difíceis assim.

Sumário

Prefácio

Este livro foi escrito para todo profissional que deseja aprender a vender mais para pessoas difíceis. Esteja certo de que, independentemente de onde, como e o que você vender, se passar mais do que algumas horas vendendo, encontrará um cliente desagradável e prepotente (ou simplesmente CDP) e terá a oportunidade de fazer negócio com ele. Este livro ensinará você a vender mais depressa e com maior facilidade para essas pessoas, sem abrir mão de uma boa margem de lucro.

O que inspirou este livro? Frustração e revolta. Já vendi de tudo: de cera para carros a seguros, de serviços de limpeza a automóveis, e tenho a impressão de que todas as aulas sobre vendas a que já assisti evitaram aquela situação da vida real em que precisamos negociar com um CDP. O raciocínio devia ser o seguinte: como a maioria dos clientes é respeitosa, simpática e nos trata como profissionais, para que gastar tempo aprendendo a vender para um tipo de pessoa que você enfrentará em apenas 5% a 10% das vezes? Francamente, esses 5% a 10% que eu perdia por falta de preparo estavam me fazendo falta. Se pensarmos a longo prazo, estamos falando de um bocado de dinheiro, e assim acabei me cansando de instrutores, escritores e gerentes que não pareciam achar que valesse a pena vender para esses clientes ou que, verdade seja dita, não sabiam fazer isso. É claro que alguém faturava com essas pessoas, e esse alguém poderia ser eu.

Além do mais, eu não queria mais ter medo deles. Tornavam a minha vida um inferno mesmo quando eu não lidava diretamente com eles. Só de pensar nessa possibilidade eu já ficava mal. Infelizmente demorei muito para saber que eram minhas próprias deficiências como vendedor que transformavam gente simpática e normal num CDP. Aliás, uma das principais premissas deste livro é a de que, em geral, os clientes não nascem desagradáveis e prepotentes, mas se comportam assim por causa de erros de vendas que poderiam ser evitados com a aplicação de algumas estratégias apresentadas aqui.

Com o tempo, desenvolvi uma técnica tanto para impedir que clientes normais se transformem em CDPs quanto para negociar com CDPs natos. Essa técnica aumentou minha autoconfiança e minhas vendas, elevando meus rendimentos. Eis um pequeno resumo do que você encontrará em cada um dos 10 capítulos a seguir:

Capítulo 1: Conheça as 10 verdades essenciais sobre os clientes difíceis

Os profissionais de vendas precisam saber identificar um CDP se quiserem desenvolver uma estratégia bem-sucedida para esse grupo. Também é vital evitar erros de vendas que transformem "médicos em monstros". Este capítulo prepara o terreno para o domínio completo das outras nove estratégias.

Capítulo 2: Comprometa-se com o aprimoramento

Não há como fazer sua carreira deslanchar ou seus rendimentos aumentarem se você não evoluir como pessoa. Para vender para mais CDPs, é preciso se sentir mentalmente firme e melhorar bastante suas habilidades. Em outras palavras, olhe-se primeiro no espelho.

Capítulo 3: Não seja apenas melhor – seja diferente

Se você não se destacar dos outros vendedores ou não fizer seu produto sobressair, o único trunfo que terá para fechar um negócio será um preço mais baixo. Essa é uma péssima estratégia para quem ganha a vida com comissões. Neste capítulo você aprenderá não só a se tornar melhor do que a concorrência como a se diferenciar dela de maneira a vender para clientes difíceis.

Capítulo 4: Elimine o conflito do processo de vendas

Alguns CDPs gostam de arrumar briga. Outros não querem confusão, mas já chegam preparados para isso porque estão acostumados a lidar com vendedores amadores. Existem palavras e expressões que você deve usar e posturas que deve assumir para eliminar o conflito do processo de vendas e criar um cenário de fechamento mais lucrativo e cordial.

Capítulo 5: Como enfrentar e desarmar a "ameaça quádrupla"

Identificaremos quatro ameaças comuns apresentadas por CDPs e mostraremos como neutralizá-las. Trata-se de obstáculos reais que surgem no mundo das vendas e que não irão desaparecer por si sós. É imprescindível que você se arme de maneira eficaz para lidar com eles e aprenda a usá-los em benefício próprio.

Capítulo 6: Resolva os problemas assim que surgirem

Quando algo der errado durante o processo de vendas ou depois que o negócio for fechado, você precisará lidar rapidamente com a questão, com profissionalismo e humildade. Com isso manterá seus atuais clientes e conquistará outros, por meio de indicações, mantendo o entusiasmo e a autoestima elevados. Mesmo que as coisas fujam ao controle e você seja atacado pela pessoa mais arrogante do planeta, saberá enfrentar e resolver qualquer situação desagradável depois de ler este capítulo.

Capítulo 7: Conquiste um fã-clube

Com o tempo, o objetivo principal de todo profissional de vendas deve ser se tornar menos dependente de compradores novos e, em vez disso, estabelecer uma rede composta por clientes antigos e clientes indicados. Isso não acontecerá sem esforço. Você precisa ser disciplinado, criativo e persistente. Quanto mais "amigos" tiver, menos terá que lidar com pessoas difíceis.

Capítulo 8: Crie urgência para comprarem na hora

Atualmente, seus clientes estão fazendo mais pesquisas do que nunca antes de adquirirem um produto ou serviço. Isso significa que, quando vocês se encontrarem, eles já estarão prontos para tomar uma decisão. É fundamental aproveitar essa vantagem e criar urgência para que a compra seja feita logo. Se você se sentir intimidado por uma pessoa bem informada e não convencer um CDP a comprar na hora, seu concorrente o fará.

Capítulo 9: Aprenda a ler a mente de um cliente difícil

Você venderá muito mais para CDPs se descobrir como eles pensam e interpretar os sinais verbais e não verbais que emitem durante o processo de venda. Este capítulo oferece três aspectos essenciais para compreender seus clientes com facilidade, independentemente do que estiverem dizendo a você.

Capítulo 10: Prepare-se para abrir mão de uma venda

Se você quer muito fechar um negócio, é provável que não o consiga – ou que não ganhe muito dinheiro com ele. Um dos maiores paradoxos do ramo de vendas é que, para ter sucesso, você não deve ir com tanta sede ao pote. É preciso uma técnica sutil, um pensamento firme e uma expressão impassível de jogador de pôquer. Este capítulo inclui sete formas poderosas de fechar negócios com CDPs e apresenta sete passos a serem seguidos caso você perca uma venda.

Após décadas usando essas técnicas e ensinando outras pessoas a fazerem o mesmo, estou apto a compartilhar com você essas 10 estratégias simples para vender para CDPs. Farei isso de forma direta, dando exemplos reais e, quando necessário, usando uma abordagem mais rígida. Não espere encontrar soluções mágicas para os desafios apresentados por clientes difíceis. Vender para eles exige muita preparação e trabalho duro, e nenhum recurso se mostrará eficaz todas as vezes. Além do mais, existem determinados clientes que simplesmente não valem o esforço, pois acrescentam um valor negativo ao seu negócio (falarei mais sobre isso no Capítulo 10).

Cada capítulo é encerrado com um *Resumo*, destacando os pontos-chaves que devem ser recordados. Pense neles como pequenas "colas" daquilo que é mais importante.

É claro que também vamos nos divertir um pouco pelo caminho. Vender deve ser divertido, da mesma forma que escrever e aprender sobre vendas. Vamos zombar dos compradores, de outros vendedores e de nós mesmos. Aliás, se você é o tipo de pessoa que leva tudo muito a sério, tem uma sensibilidade à flor da pele e é um poço de arrogância, vai odiar a profissão de vendedor, se é que já não odeia. Relaxe, abra sua mente e prepare-se para aprender algo que poderá mudar sua vida e a daqueles com quem você precisa lidar no trabalho.

Introdução

O que torna um cliente desagradável e prepotente? Neste livro, listaremos muitas razões para isso. Em primeiro lugar, porém, devo sair em defesa deles e reiterar que em geral os clientes não nascem assim, mas se veem obrigados a se comportar dessa forma. É triste, mas muitos profissionais de vendas tornaram-se mestres em estimular essas conversões. Quando comecei na profissão, me enquadrava nesse grupo. Embora tenha acontecido há décadas, me lembro muito bem de como em 10 minutos fui capaz de transformar um simpático casal interiorano de terceira idade, que realmente parecia gostar de mim, em CDPs clássicos que pediram, sem a menor cerimônia, para serem atendidos por outro vendedor.

Eu tinha começado a vender carros para a concessionária Parnell Chrysler Jeep, em Wichita Falls, no Texas. Quando passei no escritório de minha mulher para almoçarmos juntos, notei um casal idoso debruçado sobre o motor do carro mexendo em fios, na tentativa de dar partida. Tanto Audrey quanto James usavam chapéus de caubói, jeans surrados e botas sujas – os típicos caipiras americanos. Minhas antenas de vendedor detectaram uma oportunidade e, poucos minutos depois de me apresentar, eles deixaram claro que estavam cansados daquela lata velha. Rapidamente levei os dois até a concessionária. Audrey e James não paravam de me agradecer por ajudá-los. Eles me disseram que nunca compravam carros novos por causa da desvalorização, mas que gostariam de dar uma olhada num modelo usado confiável. Eu tinha certeza de que estava diante de uma venda fácil.

Depois de chegarmos à concessionária, eu os levei até uma fileira de automóveis usados e comecei a abrir portas e capôs e a lhes dizer o que eu sabia sobre cada um: quilometragem, itens de série, adicionais, garantias, preço, etc. Após passarem uns 20 minutos debaixo do sol texano escutando meu discurso, aqueles simpáticos senhores do interior se entreolharam com uma expressão esquisita e, então, James perguntou, de maneira bem direta, apontando para o meu peito: "Tem um vendedor experiente aqui com quem a gente possa conversar? Não queremos perder tempo olhando um monte de carros que não vamos comprar." Fiquei arrasado com a mudança de tratamento. Eu certamente havia me enganado a respeito daquelas pessoas. Não passavam de um casal de velhotes excêntricos que gostava de dar ordens para gente jovem. Envergonhado e aborrecido, pedi que esperassem um momento enquanto eu ia buscar Bobby Laird, um vendedor veterano e o único da equipe que se apresentara a mim desde que eu começara a trabalhar na concessionária alguns dias antes.

Bobby chegou, cumprimentou James e Audrey e os convidou para entrar e tomar um cafezinho. Bateu papo demais (na minha opinião) e finalmente perguntou que tipo de carro tinham em mente. Então levou os dois de volta ao pátio e, em menos de 30 minutos, vendeu a eles um modelo que era o dobro do preço dos que eu mostrara. Fiquei olhando, pasmo, aqueles dois "caipiras" fecharem a compra à vista.

Tomei conhecimento de algumas lições valiosas naquele dia, embora eu ainda fosse levar muito mais tempo para *aprendê-las* de verdade. A primeira delas é que muitos CDPs não nascem assim – é preciso um vendedor incompetente para transformá-los em monstros.

À medida que você for aprendendo a vender para clientes difíceis ao longo deste livro, compreenderá por que eles são ou se tornam desagradáveis e prepotentes. Uma vez que conhecer a razão para isso, poderá usar uma abordagem diferente. Leia a seguir sete dos principais motivos para essa transformação:

1. **Eles esperam o pior do vendedor e do processo de vendas.** Os clientes são tratados com indiferença e amadorismo em tantas situações e há tanto tempo que muitos assumem uma postura negativa antes mesmo de você abrir a boca. Eles esperam o pior e os profissionais de vendas com frequência fazem jus às baixas expectativas. Acredito que, quando estamos adquirindo um produto ou um serviço, passamos por isso muito mais vezes do que gostaríamos. Receber um tratamento ruim ou negligente quando nos dispomos a gastar dinheiro pode nos transformar em monstros – em especial quando nos pegam num dia ruim.

2. **Eles esperam muito do profissional de vendas e da empresa.** Ao contrário do motivo anterior, muitos clientes têm expectativas altíssimas quando compram. A culpa é dos departamentos de marketing e de publicidade, que fazem promessas irreais aos consumidores, praticamente garantindo que vão se desapontar quando encararem a realidade. Com isso as pessoas se sentem ludibriadas, o que contribui para criar uma experiência desagradável.

3. **Eles não têm tempo a perder na hora de adquirir um produto ou serviço.** Embora os consumidores tenham acesso a mais informações nos dias de hoje e muitos se detenham pesquisando produtos ou serviços, eles não aceitam

perder tempo lidando com vendedores que transformam o processo num "show de calouros", como fiz com James e Audrey. Na verdade, como os clientes estão mais seguros, esperam demorar menos para efetuar a compra e podem ficar zangados quando acontece o oposto.

4. Vendedores não qualificados que desperdiçam o tempo do cliente. Muitos clientes não têm a menor intenção de ser desagradáveis ou prepotentes, mas se veem obrigados a agir dessa maneira quando confrontados com um vendedor incompetente que não sabe construir um relacionamento, é incapaz de descobrir o que eles querem ou do que precisam, apresentar ou demonstrar um produto de maneira eficaz, responder a objeções, fechar uma venda ou preencher a papelada com rapidez. O cliente fica frustrado se percebe que seu tempo, que já é curto, está sendo desperdiçado.

5. Vendedores mal informados que desperdiçam o tempo do cliente. Muitos profissionais têm talento para as vendas, mas se não tiverem conhecimento do produto não saberão responder às perguntas do cliente de forma adequada e precisa. Quando os compradores sentem que estão lidando com alguém que não sabe do que está falando ou que tenta blefar diante de questões e perguntas sérias, têm todo direito de ficar contrariados e reagir com impaciência ou, até mesmo, com raiva.

6. Vendedores desmotivados que transformam o processo de vendas num sacrifício. Alguns vendedores são habilidosos e conhecem bem os produtos que vendem, mas possuem tão pouca paixão ou entusiasmo pelo que fazem que comprar com eles é como bater papo com um zumbi. A mera aproximação de um indivíduo desses é capaz de sugar a energia do ambiente e da negociação, principalmente quando o cliente planeja fazer uma compra grande ou de valor afetivo. Nesse caso, ele espera que o seu entusiasmo contagie o vendedor. Quando o profissional de vendas não o acompanha, o cliente pode perder a empolgação e deixar de ser um comprador convicto para se tornar alguém que está ali "só para olhar" e que largará o dinheiro nas mãos do próximo vendedor animado que encontrar pela frente – mesmo se o produto não for sua primeira opção ou custar um pouco mais do que o esperado.

7. Algumas pessoas simplesmente gostam de ser infelizes. Nada nem ninguém é capaz de deixá-las satisfeitas. Esses clientes são dignos de pena. Em algum ponto de suas vidas, eles começaram a fazer escolhas ruins: nunca confiar em pessoa alguma, nunca ser feliz, sempre encontrar problemas em cada oportunidade e por aí vai. Isso não significa necessariamente que odeiem você: eles odeiam a vida de maneira geral, e ponto final. No entanto, eles vão ter que comprar, e alguém vai ter que vender para eles.

Ao longo deste livro apresentarei estratégias para lidar com cada uma dessas situações. Quando você aperfeiçoar suas habilidades de venda para pessoas difíceis, notará um progresso na capacidade de vender bem para todos os tipos de clientes.

É pouco provável que você consiga absorver as 10 estratégias simples que apresento com uma leitura única e superficial do livro. Faça anotações, compre um bom marca-texto e destaque passagens importantes para reler sempre que puder. Em outras palavras, não se limite a chegar ao fim do livro – tire o máximo proveito dele! Faça com que este investimento dê retorno.

CAPÍTULO 1

Conheça as 10 verdades essenciais sobre os clientes difíceis

Este é um capítulo impactante e repleto de informações. Se você ainda não estiver com o marca-texto à mão, arrume um neste instante. Vai precisar dele.

Até mesmo os clientes mais difíceis precisam dos produtos e dos serviços que você tem a oferecer. Alguém vai vender para eles. Esse alguém pode ser você, desde que consiga desenvolver as habilidades essenciais e colocá-las em prática, com coragem, no momento certo.

Certa vez, um cliente me disse, logo depois de eu me apresentar: "Você me lembra o último sujeito que me vendeu um carro... a não ser pelo fato de não estar enterrado no meu quintal." Nem todos os CDPs são tão detestáveis, mas quanto mais você aprender sobre eles e sobre como evitar que fiquem assim, mais rápida e lucrativa será a sua venda. A seguir, encontram-se 10 verdades sobre clientes difíceis que servirão de ponto de partida para construirmos as bases de nossas estratégias.

As 10 verdades

1. Não se precipite em classificar um cliente como "difícil" com base nos primeiros minutos da conversa. De início, os compradores procuram parecer durões como mecanismo de defesa. Isso pode mudar rapidamente, assim que concluírem que você é um profissional que se importa com eles e com suas necessidades.

2. Compreenda as três principais preocupações dos clientes difíceis. Embora CDPs tenham muitas, as três maiores podem ser resumidas assim: Será que esse vendedor vai desperdiçar o meu tempo? Ele sabe o que está fazendo (é profissional)? Posso confiar nele?

3. Quando você topar com um cliente difícil e ele o ofender, responda ao cliente; não à pessoa. Em outras palavras, acalme-o antes que as coisas saiam do controle. Quando um comprador disser algo de ofensivo, abusado, sarcástico, etc., não leve para o campo pessoal. É bem provável que ele esteja atacando o processo de vendas em si, a ideia de gastar dinheiro ou experiências desagradáveis anteriores, não você. Eis aqui três dicas para ajudá-lo a lidar com a situação:

- Para diminuir a fúria de um cliente ofensivo contra você, aumente o intervalo entre estímulo e reação. Trata-se de uma técnica de comunicação clássica indicada por Stephen Covey que funciona muito bem para se manter a compostura e recuperar o controle de situações desconfortáveis ou potencialmente explosivas. Não responda depressa demais a uma declaração provocadora ou sarcástica. Ao aumentar o tempo entre o comentário do cliente e a sua resposta, você obtém um controle maior sobre as próprias emoções e ganha um momento para pensar com clareza sobre o que vai responder, o que contribuirá para que sua resposta seja mais segura e ponderada.
- Para acalmar um cliente mal-educado, responda com uma pergunta. Com frequência, essa aborda-

gem traz à tona a questão central e suaviza a réplica do cliente. Certifique-se de estar fazendo um diagnóstico cuidadoso em vez de oferecer uma solução imprudente ou uma resposta impensada em tom agressivo. Venda com perguntas e não apenas com respostas.

- Fale baixo e devagar. Baixe o tom de voz um pouco e se expresse com mais cautela. Essa técnica tem o poder de acalmá-lo, dá a você o controle da conversa e tranquiliza o comprador. Use o mesmo artifício para fechar um negócio com clientes "normais".

4. Escute com a finalidade de compreender o cliente, não com a de retrucar ou de ganhar a discussão. Trata-se de mais uma estratégia testada e comprovada por Covey. Só depois que o comprador respirar e se expressar é que ele estará disposto a ouvir o que você tem a dizer. Isso é fundamental quando temos que lidar com indivíduos que se ofendem com facilidade. Os clientes não compram quando compreendem – compram quando se sentem compreendidos.

Dê uma olhada no roteiro a seguir e aprenda o que fazer, assim como o que não fazer, em reação à provocação de um CDP:

CLIENTE: "O preço que você está pedindo é completamente ridículo!"

RESPOSTA INEFICAZ, quase sempre dada na defensiva e sem pensar: "Eu não determino os preços. É o custo do nosso produto. Mas podemos fazer um bom negócio."

RESPOSTA EFICAZ, dita lenta e sinceramente: "Quando o senhor diz que o preço é alto, Sr. Cliente, está comparando com o quê?"

(Essa resposta acalma o cliente e coloca você no controle. Também ajuda a identificar o verdadeiro obstáculo com mais precisão.)

Cliente: "Alto em comparação ao preço da concorrente XXX que fica do outro lado da cidade."

Resposta ineficaz: "Bem, imagino que eles saibam o valor do produto que têm. O preço mais baixo provavelmente indica o tipo de serviço que o senhor vai ter depois da venda."

Resposta eficaz: "Eu ficaria muito surpreso se alguém conseguisse oferecer um preço melhor do que o nosso no caso de um produto exatamente igual. Podemos levar um minuto para examinar os atributos deste produto e nos certificarmos de que estamos comparando maçãs com maçãs? Por acaso o outro vendedor deu esse preço por escrito com uma lista de características do produto?"

Essa reação vai desarmar ainda mais o cliente e lançará dúvida sobre o negócio que havia sido proposto a ele em outro lugar, ao mesmo tempo que valoriza o seu produto e o seu profissionalismo, uma vez que você não teve que depreciar a concorrência ou o produto do outro. Uma abordagem profissional e solícita conquista tanto o respeito de pessoas difíceis quanto de gente normal.

5. Jamais diga "não" a um CDP. "Não" é uma palavra agressiva e pode ser evitada com um pouco de prática e habilidade. O roteiro a seguir ensinará você a negar um pedido de maneira bem mais sutil. Você vai aceitar as exigências do cliente e passar a bola de volta para ele. Usarei um exemplo com o qual estou bastante acostumado: a venda de um carro para um comprador que pede um financiamento pouco realista. É possível aplicar a mesma técnica a outros produtos e serviços.

Cliente: "Só posso pagar 350 reais por mês."
Resposta ineficaz: "Não há a menor possibilidade de conseguirmos uma parcela tão baixa para o produto que você quer. Precisamos procurar algo mais barato."
Resposta eficaz: "Sr. Cliente, podemos chegar a um pagamento de 350 reais mensais contanto que o senhor dê uma entrada de 2.500 reais, faça um leasing e concorde com os termos de um financiamento de 72 meses", e assim por diante.

Você pode usar a primeira resposta como última alternativa, mas faça de tudo para vender a um cliente difícil aquilo que ele quer. Mesmo que ele não possa se adequar aos termos da proposta, vai apreciar o fato de o vendedor ter mostrado uma forma de ele ter o que deseja.

Se estiver negociando spots de propaganda numa emissora de rádio, a conversa será mais ou menos assim:

Cliente: "Não quero pagar 125 reais por spot. Quero pagar 95 reais."
Resposta ineficaz: "Sr. Cliente, existem rádios por aí com uma fatia de mercado menor nas quais estou certo de que o senhor conseguirá 95 reais por spot, mas isso não vai acontecer na nossa estação."
Resposta eficaz: "Sr. Cliente, o mais interessante sobre nossos preços é que o senhor pode escolher o tamanho do seu desconto com base no número de spots que comprar. Se quiser pagar 95 reais por spot, pode conseguir esse preço escolhendo este pacote aqui."

Use a técnica do "escolher o tamanho do seu desconto" sempre que estiver negociando um produto ou serviço que oferecer um abatimento por quantidade vendida.

6. Dê algum crédito ao cliente. Durante o processo de venda, faça menção ao conhecimento dele e à sua grande capacidade de negociação. Não fuja de um comprador em potencial quando ele aparecer com uma prancheta cheia de anotações e panfletos com comparativos de preços. Use sua habilidade de vendedor e um pouco de psicologia: *a melhor forma de desarmar uma pessoa que se ofende com facilidade é dar-lhe crédito por alguma coisa.* Coloque o seu ego de lado e diga: "Você realmente fez o seu dever de casa. Isso acaba tornando o meu trabalho mais fácil porque é sempre mais agradável lidar com um cliente bem informado." Como outra maneira de lidar com o sabichão, utilize esta frase humilde, mas eficaz: "Eu não ficaria nem um pouco surpreso se você soubesse mais sobre o produto do que eu! Se algum dia estiver pensando em mudar de carreira, estamos sempre procurando gente boa para contratar."

É preciso admitir que é difícil ser rude com alguém que lhe faz um elogio sincero. Use essa regra da natureza humana a seu favor para neutralizar a agressividade de uma pessoa.

7. Escolha suas batalhas com cuidado. Não se meta em batalhas triviais com um cliente difícil só para alimentar o próprio ego. Lembre-se de que você pode vencer a batalha e ainda assim perder a guerra caso o cliente resolva não comprar com você. Como disse o escritor e motivador Jim Rohn: "Não se especialize em coisas pouco importantes."

8. Lembre-se de que CDPs querem que você dê continuidade ao primeiro contato se não comprarem no dia.

Isso requer disciplina, pois qualquer um que esbarre com um CDP e não consiga a venda tende a pensar: "Já vai tarde!" Mas nesse momento é importante engolir o orgulho mais uma vez e se transformar num verdadeiro profissional, obrigando-se a ligar de volta para o cliente e tentar uma segunda chance.

Muitos clientes durões e difíceis de agradar sabem que são desagradáveis e por isso reagem de forma favorável a um vendedor que entra em contato com eles, rapidamente, tentando fechar um negócio que perdeu na primeira tentativa. Isso também demonstra que você não se sente intimidado e vai colocá-lo numa posição de negociação mais vantajosa da próxima vez que tentar fechar a venda.

A seguinte pergunta sempre surge: quanto tempo devo esperar para ligar para uma pessoa se ela não comprar comigo na hora? Minha resposta: no mesmo dia ou na manhã seguinte, dependendo da hora do dia em que esteve com o cliente. Isso pode soar chato e insistente, a menos que você use a estratégia correta ao ligar para o cliente. Afinal de contas, a diferença entre a pressão e a persistência é a técnica. Leia o roteiro a seguir e imagine como você se sentiria caso um vendedor telefonasse e dissesse:

> VENDEDOR: "Sr. Cliente, aqui é o Dave Anderson, da joalheria Regras de Ouro, e eu queria lhe agradecer pela visita à nossa loja hoje. Sei que muitas vezes, depois que os clientes vão embora, surgem dúvidas que não foram bem esclarecidas na ocasião. Por isso pensei em dar continuidade à nossa conversa caso o senhor tenha novas perguntas que eu possa responder agora."

Nesse momento, é provável que o cliente confesse o verdadeiro motivo pelo qual não fez a compra. Afinal de contas, é bem mais fácil dar essa informação quando você não está na frente dele. Com frequência, as pessoas realmente têm perguntas que se esqueceram de fazer ou que desejavam ter esclarecido quando estavam negociando e isso lhe dá a chance de respondê-las e se aproximar da venda. Caso um comprador em potencial responda: "Não, não tenho nenhuma pergunta. Você fez um bom trabalho. Nós é que ainda não estamos prontos para comprar", você pode contra-argumentar desta maneira:

> VENDEDOR: "Sr. Cliente, compreendo a preocupação em encontrar o momento ideal para fazer uma compra. Mas gostaria de saber se houve algo que o impediu de ir em frente, de adquirir o nosso produto."

Você não tinha mesmo nada a perder e ainda poderá extrair uma informação com que trabalhar: uma preocupação ou uma objeção que, quando tratada de maneira apropriada, deixará você mais próximo de fechar o negócio.

Não sei como funciona em outros setores, mas, no de vendas automotivas, por exemplo, a probabilidade de vender para um cliente que você consegue trazer de volta, que era de aproximadamente 12% da primeira vez que ele passou pela porta da concessionária, sobe para 66% quando ele retorna.

Aliás, se essa abordagem não der certo, não se dê por vencido. Espere até ter um novo dado (uma liquidação, uma mudança nos termos de financiamento, um incentivo especial por tempo limitado, um estoque novo que acaba de chegar, etc.), ligue de volta para o cliente no intuito de informá-lo da novidade e tente marcar um segundo encontro.

9. Clientes difíceis não gostam de ser apressados. Nem pense em pular qualquer etapa do processo de vendas.

Como muitos demonstram estar com pressa, pode ser tentador tomar atalhos ou pular etapas, como as de construir um relacionamento, fazer perguntas suficientes para diagnosticar desejos e necessidades, demorar-se o suficiente durante a apresentação e a demonstração e concentrar-se nos aspectos do seu produto que têm mais significado para eles e por aí vai. Se fizer isso, estará cometendo suicídio comercial! Assim como no caso de clientes normais, quanto mais tempo você levar nas etapas que conduzem ao fechamento, menos tempo terá que levar fechando o negócio. Mas o inverso também é verdade: quanto menos tempo levar nas etapas que conduzem à venda, mais tempo levará para fechar o negócio, pois o comprador em potencial ainda não terá sido convencido por você, pelo produto ou pela sua empresa e não estará motivado para fazer a compra.

Seguir essas etapas significa:

- **Desenvolver a disciplina necessária para fazer o que é certo todos os dias.** Isso significa seguir as etapas, querendo ou não – nos bons e nos maus dias, quando você está com a corda toda, desanimado ou nem uma coisa nem outra. Ser disciplinado significa fazer o que é certo, não o que é fácil.
- **Levar o tempo necessário investigando desejos e necessidades de maneira a identificar o produto ou serviço que melhor se adequar ao comprador.** Lembre-se: faça um diagnóstico antes de passar o remédio! Qualquer esforço de fechamento será desperdiçado se você tentar fechar o negócio com o produto ou serviço errado. Nesse ponto, seu único trunfo para o fechamento será baixar o preço – e você não vai querer estar nessa posição na hora de tentar negociar com um cliente difícil. Lembre-se de vender aquilo

que melhor se adequar às necessidades dele – não às suas. O enfoque não é você. É o cliente.

- **Trate todos com respeito e não julgue seus clientes.** Não tente adivinhar quem tem sérias intenções de comprar ou quem tem dinheiro para adquirir seu produto com base na maneira como se vestem, que carro dirigem e coisas do gênero. Se tentar fazer isso vai errar muito mais do que acertar. Prejulgar demonstra uma postura arrogante e preguiçosa porque a verdade é que você está tentando encontrar uma razão para *não* fazer o seu trabalho e gastar menos tempo com o comprador em potencial. Para piorar, se um cliente simpático e normal sentir que você está usando desse artifício imaturo ele pode se transformar num CDP. As chances de fechar o negócio serão bem menores porque você nunca vai chegar perto o bastante para que isso aconteça. Trate todas as pessoas como compradoras até que provem o contrário. Muitas vão lhe proporcionar uma agradável surpresa.
- **Desperte as emoções positivas de um cliente difícil.** Durante o estágio de apresentação e demonstração o cliente já começa a se imaginar dono do produto. Isso significa que há muito em jogo nessas fases iniciais. Estimule as emoções positivas do comprador e você logo se verá diante de uma oportunidade de fechamento.

Dicas para fazer apresentações e demonstrações estimulantes:

- **Não afogue o comprador em potencial com um tsunami de informações sobre o produto.** Concentre-se nas características que são mais importantes para o cliente. Lembre-se de aplicar a regra de 80/20 às vendas: descubra quais são os 20% de características que mais interessam ao comprador e passe 80% do tempo dedicando-se a elas durante a sua apresentação. Quando você fala das coisas que mais importam para ele, você aumenta o valor do seu produto. Mas quando divaga sobre coisas para as quais ele não dá a mínima, simplesmente faz o preço crescer.

Bem no começo da minha carreira, me lembro de ter ido a um seminário de dois dias dirigido a representantes de vendas automotivas cujo objetivo era nos ensinar tudo sobre o produto Jeep. Foram aulas ótimas e aprendi tanta coisa que mal podia esperar para voltar à concessionária e atender o primeiro cliente que quisesse comprar um carro daqueles. Resultado? Não consegui vender um único Jeep durante semanas. Por quê? Eu falava demais. Tentava vender para o cliente tudo o que havia aprendido, sufocando-o e confundindo-o completamente. Alguns vendedores sabem tudo sobre o seu produto, mas ainda assim faturam muito pouco. Será que você está cometendo o mesmo erro que cometi? Então aproveite para aprender com a minha estupidez. Saiba tudo o que puder a respeito do seu produto ou serviço, mas apresente as informações de maneira seletiva.

- **Não faça rodeios quando iniciar a apresentação: comece com as características do produto que mais interessam ao cliente.** Apresentações padronizadas são a morte em vendas. Personalize sua apresentação de acordo com os interesses do comprador em vez de tentar adequá-lo ao seu discurso memorizado.

- **Cative o seu comprador em potencial com perguntas durante a apresentação.** Se não fizer perguntas estrategicamente distribuídas ao longo da sua apresentação, ela virará uma palestra e o cliente desaparecerá na primeira oportunidade que tiver. É impossível ter um rendimento significativo se a sua estratégia for entediar as pessoas até obrigá-las a comprar alguma coisa.
- **Sonde o terreno.** Sondar se o cliente está pronto para fechar uma compra é muito importante. Isso indica em que estágio você e o comprador em potencial estão no processo de vendas. Quando você faz uma sondagem dessas, nada de ruim acontece: ou fecha o negócio ou tira do caminho uma objeção que o deixará mais próximo do fechamento. O momento mais apropriado para a primeira tentativa é durante ou ao final da apresentação ou da demonstração. O timing é importante. Você deve estar certo de que criou valor suficiente para o produto antes de tentar avaliar o interesse do comprador. Caso contrário, vai irritar e ofender um cliente normal e transformá-lo num CDP, ou vai transformar um CDP nato numa fera ainda mais horrível e malvada.

É essencial fazer o fechamento parecer natural e manter um discurso informal. Uma mudança súbita no tom, no volume da voz ou no enunciado alertará o cliente de que o perigo está próximo: "Vão querer me convencer a comprar alguma coisa!" A chave para se fazer uma pergunta de sondagem é fazê-la soar como parte de uma conversa, e a chave de fazê-la soar como parte de uma conversa é treinar, treinar e treinar.

As sondagens mais eficazes oferecem alternativas ao cliente. De cara, ficam eliminadas as perguntas cuja resposta é "sim" ou "não", que, com frequência, dificultam uma venda. Faça uma pergunta dessas a um CDP e você ouvirá um bocado de "nãos". Eles gostam de ter escolhas melhores. Não querem sentir que estão sendo encostados na parede.

Faça sondagens como estas dependendo do momento em que você se encontrar no processo de vendas. Mude as palavras de forma a fazê-las parecerem suas, mas mantenha o mesmo discurso informal e dê alternativas ao cliente.

- "Sr. Cliente, parece que encontramos o carro perfeito para o senhor e para a sua família. O senhor vai querer a papelada no seu nome ou no nome da empresa?"
- "Sr. Cliente, ao que parece este pacote proporciona todas as características que o senhor considera importantes. Prefere que marquemos uma hora no final da semana ou depois do feriado?"

Se você seguiu as outras etapas que permitem sondar o comprador, essa técnica parecerá uma progressão natural no processo de vendas. No entanto, se você tiver pulado etapas, um fechamento experimental poderá parecer pouco apropriado, constrangedor e inconveniente.

10. A décima verdade sobre clientes difíceis é que você nunca aprenderá a vender mais para eles lendo as nove verdades anteriores uma única vez. Revise-as com frequência, faça com que se tornem parte integrante da sua filosofia de vendedor e você será um sucesso.

Resumo

Precisamos deixar o orgulho de lado e admitir que transformamos clientes normais em CDPs com frequência por causa de nossa incompetência como vendedores ou de nossa má vontade. Sim, existem aqueles que parecem querer arranjar briga com todo mundo (ensinarei técnicas sobre como lidar com esses também), mas a maioria dos negócios que perdemos ao longo de nossa carreira resulta de falhas nossas. Evite sabotar suas vendas compreendendo as 10 verdades seguintes:

1. Não rotule um comprador de CDP depressa demais. Muitos vão cumprimentá-lo de maneira seca e ficar na defensiva até estarem certos de que gostam, confiam e acreditam em você.
2. Compreenda as três principais preocupações de um cliente difícil: Será que esse vendedor vai desperdiçar o meu tempo? Ele sabe o que está fazendo? Posso confiar nele?
3. Responda, não reaja a atitudes ou palavras ofensivas. Neutralize os ataques dos clientes com perguntas ponderadas, ditas num tom de voz baixo e tranquilo.
4. Escute o que alguém tem a dizer com a intenção de compreender, não com a intenção de responder ou de ser o mais esperto. O cliente só tentará compreender você depois que se sentir compreendido.
5. Jamais diga não a um CDP. Sempre dê a ele uma opção de ter o que deseja.
6. Alimente o ego do cliente dando-lhe crédito.
7. Escolha com cuidado as batalhas que irá travar com um cliente difícil. Não fique tão preocupado com coisas pequenas a ponto de perder de vista sua meta.

8. Se você não vender para um CDP da primeira vez, dê continuidade ao contato com rapidez e objetividade.
9. Não apresse um comprador pulando etapas vitais do processo de venda. Isso, mais tarde, fará com que o tiro saia pela culatra. A distância mais longa entre conhecer o cliente e tentar fechar o negócio é, na verdade, um atalho.
10. Revise essas nove verdades com frequência até que você as tenha memorizado e feito delas parte de sua rotina. A repetição é a mãe da habilidade.

CAPÍTULO 2

Comprometa-se com o aprimoramento

Existem grandes chances de você levar alguns trechos deste capítulo para o lado pessoal. Por favor, não faça isso. Não perca seu tempo com autocomiseração. Além disso, não sei quanto a você, mas eu estou cansado de ouvir gente dando desculpas pelos resultados medíocres nas vendas e na vida. Na verdade, ultimamente, há cada vez mais especialistas em inventar explicações e histórias de vítimas para justificar sua falta de sucesso. Ora, como você pode esperar vender para os clientes mais difíceis quando as coisas não vão bem consigo mesmo?

Seu gerente pode lhe passar técnicas e todo o conhecimento que possui do produto, mas há vários fatores pessoais críticos para o sucesso nas vendas que ninguém pode lhe ensinar e que são necessários para você se aprimorar e crescer na profissão. Sem tais atributos, o seu êxito será pouco consistente e todo o treinamento do mundo será insuficiente. Sendo assim, a única forma de você vender mais para os clientes difíceis que vê olhando a vitrine é deixar a si mesmo mais firme, mais esperto e mais seguro.

Seja uma pessoa melhor

1. Fator crítico número 1: Caráter. Seu caráter é um somatório das escolhas que você fez ao longo da vida, e essas escolhas moldaram os comportamentos e os valores que determinam seu modo de agir. Ele já está formado no momento em que você entra no mercado de trabalho. Ninguém pode mudá-lo, a não ser você mesmo. Não existem cursos de caráter nos quais você se matricula e no fim de três dias sai completamente limpo por dentro.

A imagem da profissão de vendedor sofreu grandes arranhões ao longo dos séculos por possuir a sua quota de trapaceiros. Se você faz parte desse grupo, vá ganhar a vida de outra forma. Sua incapacidade de viver com integridade afeta a todos nós.

Considerações sobre o caráter:

- Ele é formado com o tempo e revelado de forma mais explícita nos momentos de crise.
- Ele nunca é herdado, e sim desenvolvido. O caráter sempre tem consequências, para melhor ou para pior.
- Testes de caráter são medidos por muito mais do que o fato de uma pessoa mentir ou não, trapacear ou não, roubar ou não. O caráter também envolve o seguinte:

  - **Você se dispõe a ser ensinado?** Se você assume uma postura de sabe-tudo que o leva a odiar reuniões de treinamento e a ignorar críticas construtivas ou a parar de ler livros na sua área profissional, desenvolveu uma arrogância intelectual que vai se transformar numa ignorância incapacitante. Se quiser aprender a negociar com um número maior de clientes difíceis, é essencial continuar a aprender mais sobre vendas. Os sabichões possuem sérias falhas de caráter e dificilmente são tão bons quanto pensam, então faça o favor de desinflar esse ego.

- **Você persiste diante de dificuldades?** Se você joga a toalha quando as coisas ficam difíceis, isso indica fraqueza de caráter. Em algum momento vai precisar tomar uma posição firme e ser mais persistente. Na verdade, um dos principais motivos pelos quais as pessoas não têm êxito em vendas é não perseverarem tempo o bastante para desenvolver as habilidades, os hábitos e as atitudes que as tornariam bem-sucedidas. Vender bem para um CDP significa ser mais firme e mais flexível com os clientes do que você tem sido até agora.

> "O sucesso na vida é determinado pela sua capacidade de ir de fracasso em fracasso sem perder o entusiasmo." – Winston Churchill

- **Você tem uma ética profissional sólida?** Para conseguir vender para muitos CDPs, é preciso disciplina, e nada de preguiça. Talvez tenha a sorte de topar com um cliente caridoso que acabou de ganhar na loteria, tenha piedade dos seus esforços patéticos e encare comprar com você uma forma de fazer uma doação, o que é pouco provável. Falando sério, se você só se empenha quando está sendo observado, isso é sinal de fraqueza de caráter. Na verdade, se você tem o hábito de fazer apenas o suficiente para se safar, para ser pago e para não ser demitido, conseguiu se transformar num funcionário bastante dispensável. Seu bom caráter também é revelado quando você decide continuar progredindo mesmo quando vai bem, pois isso demonstra a sua capacidade de sobreviver ao sucesso, evitando as armadilhas da arrogância e do egoísmo.

- **Você cumpre promessas e prazos?** Não manter a palavra é uma falha de caráter e também uma das maneiras mais rápidas de fazer com que seus colegas de equipe se virem contra você e com que um cliente normal se torne um CDP. Faça o que disse que ia fazer mesmo quando for difícil. Se a sua palavra não tiver valor, *você* não terá valor para o seu empregador, seus colegas de equipe e seus clientes.
- **Você admite os próprios erros?** Não admitir os próprios erros deveria ser considerado pecado de omissão e, portanto, um problema de caráter. Camuflar erros ou mentir para se livrar deles ao tentar fazer uma venda para um cliente difícil é tomar o caminho mais curto até a irrelevância completa. Se você falhou, assuma. Se estava errado, admita. Isso libera sua consciência ao mesmo tempo que o ajuda a se relacionar bem com as pessoas.
- **Você assume a responsabilidade pelos próprios atos?** Jogar o jogo da culpa é um dos mais repugnantes defeitos de caráter. Indica que você vive em negação e que envelheceu, mas não amadureceu. Também significa que se afastará de gente produtiva e responsável e que perderá qualquer chance de ascender no trabalho e, mais provavelmente, na vida. Pare de culpar o mundo por não conseguir vender para os clientes mais difíceis. Você tem capacidade para isso, mas primeiro precisa se aperfeiçoar um pouco. Aceite os conselhos do Dr. Phil: "Ao se convencer de que você é a vítima, está garantindo a si mesmo que não irá progredir... Pare de dizer: 'Por que estão fazendo isto comigo?' e comece a dizer: 'Por que estou fazendo isto comigo mesmo? Que pensamentos, comportamentos e escolhas posso mudar para conseguir um resultado diferente?'"

> "Posso ajudar alguém a abandonar o fracasso e abraçar o sucesso, mas não posso fazê-lo abandonar as desculpas e abraçar o sucesso, pois, se você está inventando desculpas, ainda não se deu conta de onde está o verdadeiro problema." – John Maxwell

Certamente existem outras áreas capazes de revelar a fraqueza de caráter, mas esse já é um bom começo. Sei que fui duro com você em alguns dos seis pontos que apresentei, mas por um bom motivo: para você saber que pode controlá-los. É possível trabalhá-los e melhorá-los se tiver mais consciência e disciplina. Ninguém pode fazer isso por você. É claro que ajuda ter algum tipo de orientação espiritual que ofereça uma diretriz clara sobre como desenvolver um caráter digno.

Estratégias para fortalecer o caráter:

- Como o caráter é formado por suas escolhas, só pode ser fortalecido ou reconstruído por meio de escolhas melhores.
- O verdadeiro teste de caráter é fazer o que é certo mesmo quando se trata do caminho mais difícil.
- Fortaleça sua vida espiritual. A maioria das religiões nos encoraja a fazer as coisas certas pelos motivos certos. Saber o que fazer não costuma ser a questão, mas sim ter a fé e a determinação para fazê-lo.

Você não pode construir uma ótima carreira em vendas ou uma vida sensacional com base no hábito de fazer apenas o que é mais barato, fácil, popular ou conveniente. Você vai mais longe fazendo o que é certo. E o que é certo, com frequência, é difícil e cria desconforto e dor. Mas se você não trabalhar o desconforto e a dor da mudança e do crescimento, não irá adiante. Não ficará nem no mesmo nível. Acabará regredindo.

2. Fator crítico número 2: Garra. Outra pessoa pode até atiçar suas brasas, de vez em quando, e ajudar a manter sua chama acesa. Mas acender a sua chama, para início de conversa, é com você. Ninguém pode lhe dar garra. Ninguém pode torná-lo ambicioso. Ninguém pode fazer com que você queira algo. Sem garra, dificilmente você vai alcançar a excelência em coisa alguma.

Alguns participantes dos meus seminários vêm até mim e confessam: "Eu simplesmente não tenho garra. Como faço para me mexer?" Eu os surpreendo respondendo, com um pouco de ironia, que não há absolutamente nada que eu possa fazer por eles e que, por favor, se afastem de mim antes que eu pegue o que eles têm. Profissionais de vendas precisam se dar conta de que os seus gerentes não podem colocar dentro deles o que jamais existiu – só podem extrair o que já existe. Em outras palavras: você precisa dar ao universo algo com que ele possa trabalhar!

Considerações sobre a garra:

- É comum que pessoas que não se sentem estimuladas tenham garra dentro delas, sim. Só é preciso o acontecimento, a circunstância ou o objetivo certo para trazê-la à tona.
- Alguém que tem garra muitas vezes se dá por satisfeito quando atinge determinado nível de sucesso. Antes de essa pessoa atingir tal ponto, é imprescindível que amplie suas metas ou seus objetivos de maneira a manter a chama acesa.

- Muitas vezes, aperfeiçoar-se naquilo que você faz aumenta sua garra e motivação, já que você ficará ansioso por usar e compartilhar o que está aprendendo.
- O tipo de trabalho que você realiza tem pouco a ver com a intensidade da sua garra. A diferença não está no que você faz e sim em *como* faz.
- A garra pode se transformar em ambição cega se você não tiver equilíbrio na vida ou se visar apenas os próprios interesses.
- Sem o caráter, a garra pode fazer com que você persiga as coisas erradas com mais rapidez e por mais tempo.
- Com frequência, quando você sente que perdeu a garra, na verdade está emocional ou fisicamente cansado e precisa recuperar as energias.
- É difícil ter garra quando você está obcecado e distraído com aspectos sobre os quais não tem controle, pois passará tempo demais valorizando certas condições em vez de tomar as rédeas do próprio destino.
- Seu gerente, seu cônjuge ou seus amigos não são como o Mágico de Oz, que pode lhe dar garra, caráter ou disposição. Isso é um trabalho de dentro para fora. Assuma a responsabilidade por si mesmo.

Estratégias para fortalecer a garra:

- Você precisa desenvolver um objetivo que seja ambicioso o suficiente para aumentar a sua garra. Vou lhe dar uma dica: "Ganhar a vida" provavelmente não vai ser o bastante. "Proporcionar uma boa vida para minha família e para mim" é um começo bem melhor.
- Você precisa limitar o seu enfoque, uma vez que a garra dispersa resulta em mediocridade e excesso de atividades com pouco resultado.

- Você precisa manter um ideal de equilíbrio na vida e uma atitude altruísta. Adianta muito pouco ser rico e bem-sucedido mas doente e solitário.

"A verdadeira tragédia dos pobres é a pobreza de suas aspirações." – Adam Smith

3. Fator crítico número 3: Talento. O talento é uma força natural que você carrega dentro de si. Pense nela como algo que faz com que você tenha facilidade para fazer bem determinadas coisas. A excelência é impossível sem o talento, mas o talento, por maior que seja, não passa de potencial. Muita gente desperdiça o talento que tem porque nunca se empenha o bastante para ficar acima da média.

Considerações sobre o talento:

- Ninguém pode lhe ensinar talento. É algo que vem de dentro. Pense no talento como um presente de Deus para que você possa tornar o mundo um lugar melhor.
- Tendemos naturalmente a ignorar nossos talentos por considerá-los naturais (já que somos capazes de fazer certas tarefas com muita facilidade) e dedicar mais tempo às nossas fraquezas. Isso é um erro, pois você jamais será brilhante no que faz se dedicando às suas debilidades. Ao se concentrar nas suas fraquezas, você poderá até sobreviver, mas só vai se destacar se desenvolver seus pontos fortes.
- Os talentos indispensáveis a um bom vendedor incluem, mas não estão limitados a:

(1) Vontade de influenciar: Possuir a necessidade de persuadir e de vencer.

(2) Amor-próprio: Conseguir se recuperar rapidamente de alguma rejeição.

(3) Empatia: Saber entender as pessoas, captar suas emoções e ajustar o seu estilo para se adequar às necessidades delas.

Estratégias para desenvolver o seu talento:

- Identifique os seus talentos e comece a passar mais tempo investindo nas áreas em que você já é bom.
- Mantenha-se disciplinado no cumprimento da sua rotina diária porque o talento pode deixá-lo preguiçoso e levá-lo a ficar descuidado.
- Continue a aumentar os seus padrões de qualidade como forma de estimular a sua garra e liberar o talento que existe dentro de você.
- Fique longe de atividades improdutivas e de gente que reprime o seu talento.
- Pratique. O talento é apenas potencial e precisa ser desenvolvido, concentrado e refinado.

"Praticar uma habilidade é tão importante quanto fazer uma venda. A venda permitirá que você ganhe a vida, mas a habilidade vai deixá-lo rico." – Jim Rohn

Se você não sabe quais são os seus talentos nem se tem os talentos certos para ser bem-sucedido em vendas, precisa passar um bom tempo fazendo uma autoavaliação séria para ajudá-lo a descobrir isso. Caso contrário, vai passar a carreira e a vida andando em círculos.

4. Fator crítico número 4: Disposição. Talvez você pense que, como escrevo e dou palestras sobre motivação, minha disposição é naturalmente ótima e eu ando por aí animadíssimo o tempo todo. Errou feio. Como qualquer outra disciplina, preciso trabalhar essa questão todos os dias. Começo de manhã bem cedo com um programa de leituras inspiradoras que incluem duas devoções diárias: o preenchimento de um diário de gratidão pelas coisas que deram certo no dia anterior e a leitura de um capítulo dos Provérbios. Aprendi também a evitar pessoas negativas e que adoram reclamar para que assim não me irritem, distraiam ou influenciem. Isso não tem sido fácil, até porque, num determinado período, os maiores culpados desse tipo de atitude estavam na minha própria família. Quase não vejo televisão, assisto a poucos filmes e não leio jornais diários. Em vez disso, obtenho informações sobre o que está acontecendo no mundo em sites da internet, que apresentam as notícias de forma objetiva. Mesmo com tanto empenho, com frequência me pego julgando demais, irritável e impaciente – em especial quando estou no trânsito de Los Angeles ou enquanto sofro nos inúmeros aeroportos pelos quais passo. Assim como você, sou uma obra em progresso, mas posso olhar para trás e me sentir bem pelos passos que já consegui dar. Ao mesmo tempo, reflito sobre cada dia e tenho a humildade de admitir que ainda resta um longo caminho a percorrer. A lição aqui é que uma boa disposição exige consciência, trabalho árduo e determinação constantes. E, como isso afetará drasticamente a sua renda, seu sucesso em vendas, seus relacionamentos, sua reputação e a satisfação com a vida em geral, pode ser hora de dar uma olhada mais cuidadosa no seu comportamento e ver o que ele anda fazendo a seu favor ou contra você.

Considerações sobre a disposição:

- Outras pessoas, assim como o seu gerente, poderão ajudar a alterar o seu humor dia após dia, mas ninguém pode ensiná-lo a fazer isso ou mudar a sua disposição prevalecente. Se você sempre foi uma pessoa que faz objeções a tudo ou que enxerga sempre o copo meio vazio, nada que alguém possa fazer mudará o seu estado de espírito por muito tempo. Só você poderá se ajudar a sair desse pessimismo.
- Embora não dê para mudar o que acontece com você, é sua responsabilidade optar por uma reação produtiva. A disposição é uma escolha. Quando você levanta de manhã, tem a opção de dizer: "Bom dia, meu Deus!" ou "Meu Deus! Já é dia!". Faça a escolha certa.
- Sua disposição é atacada todos os dias e, portanto, você precisa fazer algo para fortalecê-la. Muitas vezes, os ataques começam bem antes de você chegar ao trabalho: notícias negativas, um cônjuge ou filho infeliz ou um motorista que lhe dá uma fechada no trânsito. É por isso que repassar objetivos diários, ler material motivacional e se cercar de gente positiva é obrigatório para reforçar sua disposição.
- A disposição é como qualquer outra disciplina: não melhorará por conta própria. Ela é como um músculo que precisa ser fortalecido e é formada por um somatório de decisões tomadas minuto a minuto, e dia após dia. Clientes difíceis desafiarão a sua disposição, por isso é vital que você esteja mentalmente preparado para o pior, todos os dias. E quando eles de fato tirarem o seu humor dos eixos, você deve ter a iniciativa e a determinação para se livrar da ener-

gia negativa e voltar a se sentir produtivo e cheio de vitalidade.

- Qualquer um é capaz de ter uma ótima disposição quando as coisas estão indo bem. O grande sinal de maturidade emocional é manter o bom humor mesmo quando as coisas vão mal. Não seja um vendedor de veneta, que só consegue sorrir ou ser positivo quando o vento está soprando a seu favor. O fato é que nessa profissão você terá mais dias ruins do que bons, portanto se não vigiar o seu estado de espírito poderá cair em depressão.
- Especialistas estimam que 80% do seu sucesso em vendas seja resultado direto da sua disposição. A importância dela é prova do motivo pelo qual veteranos especialistas em seus produtos, com habilidades a mais e paciência de menos, com frequência são superados por novatos que não sabem tanto, mas que são impelidos por uma disposição contagiante.

Nove estratégias para melhorar a sua disposição:

1. **Afaste-se de pessoas e de situações negativas.** Uma das verdades mais difíceis que você precisa aprender é que existe gente por aí que você vai ter que abandonar para poder evoluir. Em determinado momento, pode ter compartilhado os mesmos valores dessas pessoas, mas você cresceu e elas, não. A escolha é: deixar que elas puxem você para baixo ou se alçar para voos mais altos e, em muitos casos, deixá-las para trás durante o processo. Antigamente, as pessoas faziam de tudo para se manter no mesmo patamar que os vizinhos, mas hoje é mais barato usar a lábia para colocar alguém para baixo.

"Posso dizer mais sobre um homem pelas suas companhias do que pelo que ele diz." – Martin Luther King Jr.

"Os livros que você lê e as pessoas com as quais se associa determinarão a sua posição daqui a cinco anos." – Charlie Jones, o Incrível

2. **Concentre-se naquilo que pode controlar.** Talvez você não consiga escolher seus compradores, mas o poder de controlar as suas reações diante de CDPs está em suas mãos. Se você desviar sua atenção para coisas fora da sua alçada, perderá o foco da ação. Se, em vez disso, investir sua energia em aspectos do trabalho que é capaz de controlar, mudará sua disposição aceitando a própria responsabilidade e se recusando a bancar a vítima. Isso só tende a melhorar sua autoestima e os resultados. Como você deverá reagir quando perder um negócio ou tiver poucos clientes?

Exemplos de situações incontroláveis e reações possíveis:

Situação 1: Você acaba de perder um negócio. **Reações possíveis:** (a) Contar para todo mundo; fazer bico durante algum tempo e ficar com peninha de si mesmo; reclamar do cliente esquisitão; ou perceber que, com base em estatísticas, o "não" que você acaba de tomar o deixa mais perto do seu próximo negócio e se apressar em fazer com que isso aconteça.
Situação 2: Os negócios estão devagar. Não aparece um comprador em potencial há mais de dois dias.

Reações possíveis: (a) Juntar-se aos outros reclamões e falar sobre como este ano vai ser difícil; (b) culpar a propaganda, o estoque, o tempo, o gerente ou a economia; (c) disciplinar-se no sentido de contatar antigos clientes e pedir indicações, dar continuidade a todos os negócios que estão em aberto, começar a ligar para todos os compradores em potencial da sua lista ou sair à caça de novos clientes.

Os melhores vendedores nunca se queixam do pouco movimento – eles sabem que é sua responsabilidade de aumentá-lo.

3. **Leia ou escute material motivacional – de preferência nas primeiras horas do dia.** Quando estiver a caminho do trabalho, escute um CD ou leia um livro que o estimule a melhorar a disposição, a autoestima ou suas habilidades de vendedor.

4. **Estabeleça metas e desenvolva objetivos de vida que o motivem.** Pessoas sem disposição não têm muito pelo que lutar, não traçam metas nem perseguem objetivos. Assim, é fácil ficar para baixo, se tornar apático e desistir.

5. **Preste atenção ao seu diálogo interno.** O que você diz quando fala sozinho? Muita gente não falaria com o pior inimigo da maneira que fala consigo mesmo. Com coisas do tipo: "Eu nunca vou conseguir", "Não tenho como pagar minhas contas", "Vou ser demitido" ou "Simplesmente não consigo vender para esse tipo de cliente", tudo o que você vai conseguir é ficar deprimido. Então pare de se colocar para baixo! Falar consigo mesmo com tanta negatividade faz com que o pior de

fato aconteça. Programe o seu subconsciente com pensamentos de possibilidade, não de impossibilidade.

6. **Não torne as dificuldades algo pessoal. Pense em fazer alguma coisa pelos outros.** Isso tira o foco de cima de suas próprias angústias e aumenta sua autoestima, o que estimulará sua garra. Além do mais, as coisas bacanas que fazemos pelos outros acabam voltando para nós.

7. **Mantenha a integridade em todas as situações.** Você pode enganar os outros, mas não a si mesmo, e todas as vezes que faz algo que vai contra os seus valores ou contra aquilo que sabe ser o certo, você se deprecia. A boa notícia é que o oposto também é verdade.

8. **Dê sempre o melhor de si.** Mesmo que as coisas não acabem do jeito que gostaria, você se sentirá melhor consigo mesmo se souber que fez tudo o que podia. A má notícia é que o oposto também é verdade. Independentemente do papel que representar para os outros, o modo como você se vê de verdade tem um grande impacto sobre o seu desempenho. Como disse Jim Rohn: "Toda vez que você faz menos do que pode, se torna menos do que é."

9. **Não leve a rejeição para o lado pessoal.** A não ser que você faça algo de verdadeiramente ofensivo ou idiota, é raro que um cliente faça objeções à sua pessoa. Ele repudiará o seu processo, o seu produto ou o seu preço. Portanto não torne a coisa pessoal. Eu poderia cobrir as paredes da minha casa duas vezes só com as recusas que recebi para ideias de livros – quan-

to mais com vendas perdidas. Ninguém espera que você goste de rejeições. Aliás, se gostar, talvez esteja precisando de terapia. Mas é fundamental lidar com a rejeição de maneira produtiva, aprendendo com ela para não cometer o mesmo erro com outro cliente. Além disso, se você não consegue lidar com isso, escolheu uma forma peculiar de ganhar a vida, pois a rejeição faz parte do pacote da profissão de vendedor.

Revisão dos fatores críticos:

Comprometa-se a agir em cada uma dessas áreas e a desenvolver os atributos que você mais precisa melhorar. Seja sincero consigo mesmo. A maioria das pessoas não sofre por ser incapaz de solucionar os próprios problemas, mas por não conseguir enxergá-los ou não querer encará-los. Quase sempre elas estão olhando para os lados, não para o espelho.

1. Caráter
2. Garra
3. Talento
4. Disposição

Busque o aperfeiçoamento melhorando sua vida

Você não pode fazer sua carreira crescer se não for capaz de crescer por dentro. Para conseguir mais do que tem, é preciso ser mais do que é. O desenvolvimento pessoal deve acontecer primeiro. A seguir, conheça cinco formas de aprimorar suas habilidades melhorando aspectos de sua vida.

1. Dobre o seu conhecimento. Se você quiser dobrar seu faturamento, terá que dobrar seus conhecimentos e melhorar suas habilidades: de vendas, de gerenciar o tempo e coisas do gênero. Parafraseando Jim Rohn, os negócios vão melhorar quando você melhorar e você vai melhorar quando se empenhar nisso. Não deseje que as coisas sejam mais fáceis. Deseje ser uma pessoa melhor!

> "Não persiga o dinheiro. Persiga as habilidades, os hábitos e a atitude corretos e o dinheiro perseguirá você." – Jim Rohn

Quantos livros sobre vendas ou motivação você leu no ano passado? (Note que não perguntei quantos comprou, pegou emprestado ou ganhou de presente. Perguntei quantos você *de fato* leu.) A boa notícia é que, se a sua lista não for muito longa, não vai ser difícil dobrar o conhecimento que vai adquirir este ano em comparação ao adquirido no ano anterior. Não se engane: tempo e experiência não equivalem necessariamente a crescimento. O crescimento não é automático – precisa ser intencional. Espero que não esteja aí sentado bolando desculpas para não ter tempo para ler ou colocar em prática lições motivacionais ou práticas de vendas. Quantas horas de TV você assiste por semana? Agora multiplique esse número por 52 e escreva a resposta aqui: __________. Isso equivale a quantos *dias*? Você ainda acredita que não tem tempo para se aprimorar como vendedor?

Para crescer, você precisa abrir mão de algo: conversas triviais, horas navegando na internet a esmo ou assistindo à televisão. Deverá deixar velhos hábitos de lado para experimentar o novo. E não se esqueça de que o objetivo do aprendizado é a ação, não o acúmulo de conhecimento. O saber por si só não garante nada. A vida recompensa a ação. Não dá para ficar sentado e se imaginar progredindo na carreira.

Em algum momento você vai precisar fazer alguma coisa com aquilo que aprender.

2. Dobre a sua disciplina. A disciplina aumenta a autoestima. Quando você se força a fazer as coisas certas com regularidade, se sente bem consigo mesmo. Sem disciplina, dobrar o seu conhecimento será irrelevante, já que, mesmo que inicie um programa de crescimento pessoal, você não terá perseverança para seguir em frente.

- **Você desenvolve disciplina crescendo.** Realize as tarefas que sabe serem importantes mesmo quando não tiver vontade de fazê-las. Em outras palavras, pare de fazer apenas aquilo que tem vontade de fazer e comece a fazer o que é certo.
- **Você desenvolve disciplina assumindo a responsabilidade pelos seus atos e, se necessário, pedindo a outra pessoa que o ajude nisso.** Se você sabe que precisa assumir a responsabilidade por não ter cumprido o que prometeu, ficará mais propenso a fazê-lo se outra pessoa também estiver sabendo.
- **Você desenvolve a disciplina mentalizando a imagem de como deseja que a sua carreira e sua vida sejam no futuro.** A disciplina faz com que suas metas se aproximem mais da realização. Quando estiver tentado a ignorar algum procedimento, recorde a imagem de como quer que o seu futuro seja e ela o ajudará a resistir à tendência à preguiça ou ao comodismo no dia de hoje. Se o seu pensamento não vai mais longe do que o dia de hoje, você nunca criará o seu amanhã ideal.

Anime-se: mesmo que você seja o vagabundo mais indisciplinado do planeta ainda existe esperança para você! A disciplina não é algo inato e sim algo que se aprende. Afinal de contas, nenhum médico sai da sala de parto dizendo: "Ora, ora, mas que bebezinho disciplinado nós temos aqui!"

3. Dobre o seu foco interno. O seu foco interno está relacionado às áreas da vida sobre as quais você tem total controle: comportamento, disciplina, ética de trabalho, grau de motivação, onde você passa o seu tempo e com quem, e as suas escolhas de caráter.

4. Dobre sua produtividade. Uma forma de dobrar suas vendas para CDPs é duplicar a taxa de atividades produtivas nas quais você se envolve. O segredo é ser proativo. É pouco provável que você consiga aumentar seus números sentado à mesa esperando que algo caia do céu.

> "Se você continuar caminhando é bem capaz que tropece em alguma coisa, provavelmente quando menos esperar. Nunca ouvi falar de alguém que tenha tropeçado ficando sentado." – Charles Kettering

- Em vez de esperar o telefone tocar ou as visitas chegarem até você, o que você poderia fazer para dobrar o número de compradores que aparecem por sua causa?
- Em média, quantos clientes você tem por semana? Se não sabe, não há como dobrar essa quantidade. Procure determinar uma média para estabelecer metas diárias no sentido de dobrar o seu número atual. Faça isso dando mais telefonemas ou se tornando mais eficiente nas ligações habituais.
- Qual seria o impacto sobre a sua renda se você recebesse o dobro de indicações que vem recebendo? Mais

uma vez, você precisa tomar nota dos seus números atuais. Em geral, são tão poucos os clientes que chegam por indicação que dobrar essa quantidade é moleza. Estabeleça metas semanais e não pare até chegar lá. E também não tenha medo de pedir indicações. Se é para ter vergonha de algo, que seja por estar faturando tão pouco. Quanto mais você vender para conhecidos e para gente que lhe vier indicada, menos CDPs terá que aturar. Leia mais a respeito disso no Capítulo 7.

5. Dedique-se em dobro a ter equilíbrio na vida. Se essa busca lhe parece uma bobagem, é hora de acordar. Viver em desarmonia acabará destruindo a sua carreira, sem falar na sua saúde, nos seus relacionamentos e no seu bem-estar espiritual.

Qual destes ciclos se parece mais com a sua vida? Você trabalha tanto que raramente está em casa com a família. Quando está em casa, se sente estressado porque há muito que fazer e o tempo é escasso. Além de tudo, você acaba ouvindo queixas de todo mundo porque ninguém recebe atenção suficiente da sua parte. Isso cria um estresse que você leva de volta para o trabalho, tornando-se ainda menos produtivo. Como resultado, tem que passar ainda mais tempo no trabalho para ganhar a vida. Trata-se de um ciclo *vicioso*. No entanto, quanto melhor o seu estado de espírito ao chegar ao trabalho, menos horas terá que passar lá e mais tempo sobrará para aproveitar a vida pessoal. Essa sensação de bem-estar também vai acompanhá-lo de volta ao trabalho e o tornará ainda mais produtivo. Trata-se de um ciclo *virtuoso*.

- **Você deve se dedicar às outras áreas da seção "Busque o aperfeiçoamento melhorando sua vida":**

todas elas vão deixá-lo mais produtivo no trabalho, promovendo o ciclo virtuoso capaz de aumentar ainda mais o seu rendimento.

- **Lembre-se de que o equilíbrio precisa ser perseguido.** Ele não acontece simplesmente e não correrá atrás de você. Qualquer coisa que valha a pena conquistar precisa ser perseguida. Talvez você nunca chegue ao equilíbrio perfeito, mas a questão não é essa. Uma instabilidade muito grande em qualquer uma das áreas da sua vida acabará afetando todas as outras. Para ser bem-sucedido em vendas e na vida pessoal você deve fazer ajustes contínuos para alcançar o equilíbrio.

De vez em quando ouvimos alguém reclamar que tem trabalhado demais e que está sofrendo de exaustão. Acho isso uma bobagem. Conheço muita gente que trabalha à beça e nunca reclama disso, e tenho certeza de que você também conhece. Ao longo dos anos descobri que os vendedores que se dizem estafados não necessariamente trabalham mais do que os outros. O fato é que, como essas pessoas vivem sem equilíbrio, sofrem de um estresse imenso, e é esse estresse que leva à exaustão.

"A fadiga faz de todos nós um covarde." – Vince Lombardi

Resumo

Os princípios apresentados neste capítulo foram formulados para melhorar sua autoestima e sua autoconfiança, o que, por sua vez, fará com que você acredite mais em si mesmo. Essa postura segura é fundamental, especialmente ao lidar com clientes desafiadores e difíceis, que poderão fazê-lo se sentir pequeno, insignificante ou idiota. Mesmo quando não conseguir vender, você não será tão afetado se a sua crença em si mesmo permanecer intacta. À medida que for ganhando mais confiança, vai se importar menos com a opinião alheia ou com os tropeções que dará ao longo do caminho. Alguns dos principais pontos do Capítulo 2 a serem recordados são:

1. Compreenda as quatro lições vitais para o êxito em vendas (caráter, garra, talento e disposição) e assuma a responsabilidade pessoal por desenvolver essas características. Você jamais será bem-sucedido até melhorar quem você é por dentro.

2. Melhore suas habilidades aumentando:
   - O seu conhecimento. Empenhe-se mais em se aperfeiçoar e lidar com CDPs será moleza.
   - A sua disciplina. Obrigue-se a fazer as coisas certas mesmo quando não tiver vontade.
   - O seu ritmo de atividade. Mexa-se e faça as coisas acontecerem.
   - A sua dedicação à busca de equilíbrio na vida. Quanto melhor for a sua vida longe do escritório, mais produtivo você será no trabalho.

CAPÍTULO 3

Não seja apenas melhor – seja diferente

Por mais que a maioria das pessoas e dos empresários goste de pensar que é diferente ou que tem produtos e serviços melhores que os da concorrência, nem sempre é verdade. Vejamos o caso das companhias aéreas americanas, por exemplo. Se eu estivesse sentado na vigésima fileira de um 737 e não pudesse ver o logotipo da empresa, considerando a qualidade da poltrona, da comida, do serviço e o tratamento dos comissários de bordo, provavelmente não seria capaz de identificar a companhia. Esse é um dos motivos pelos quais as tarifas aéreas são tão parecidas. Isso se chama lei da diferenciação, segundo a qual quanto menos nos diferenciamos dos outros, mais importância as pessoas dão aos preços, mas quanto mais nos diferenciamos, menos importância os preços têm. Guarde essa lei.

Eis uma boa notícia: se você for diferente e melhor do que a concorrência, os clientes – incluindo os difíceis – enxergarão mais valor em você e estarão dispostos a pagar por isso. Mas, se você se parecer, soar e agir como todos os outros vendedores do seu setor e representar os seus produtos da mesma maneira insossa, as pessoas darão mais peso aos preços. A ideia por trás disso é que, já que o resto é basicamente igual, o principal fator diferenciador entre o seu produto e o da concorrência é o menor preço pelo qual elas conseguem levar o que você tem para vender.

O perigo de se misturar à multidão

A lição para você, como profissional, é a seguinte: se baixar o preço for sua principal ferramenta de fechamento para tentar negociar com CDPs, isso mostra que você não passa de um vendedor mediano, chato, sem graça, falador e esquecível como qualquer outro com que esses clientes desafiadores já tiveram que lidar. É claro que o que você tem para vender é importante, mas, lembre-se disto: seu maior concorrente não é outro produto ou serviço – é o outro vendedor que está oferecendo essas coisas. Você precisa de uma vantagem competitiva para sair vencedor nessa batalha.

Uma lição que aprendi com Larry

Larry Matney compreende a lei da diferenciação. Ele sabe ser inesquecível. Como resultado, consegue valores altos pelos produtos que vende e clientes que sempre retornam à sua loja, a Gregory's, que fica num shopping de Dallas.

Minha esposa e eu conhecemos Larry quando viajamos a Dallas para o casamento de um amigo. Como o shopping ficava perto do nosso hotel, decidimos dar uma passada lá na noite anterior à grande festa e bater perna pelos três andares de lojas elegantes. Ao passarmos pela Gregory's, um par de botas de caubói, diferentes e bem trabalhadas, chamou a atenção da minha mulher. Rhonda nunca teve botas de caubói e não tinha a menor intenção de comprar aquelas. Ela só queria dar uma olhadinha mais de perto.

Ao pegar as botas para examinar, Larry se aproximou dela com um largo sorriso e se apresentou demonstrando entusiasmo. Rhonda imediatamente disse a Larry que estava apenas olhando, mas, antes que nos déssemos conta, Larry já havia estabelecido um relacionamento especial conosco, usando toda aquela simpatia texana, e ela estava rindo, se sentando e experimentando as botas enquanto ele se agachava no chão à sua frente e mandava a equipe de vendas pegar vários modelos para ela experimentar. Quando Rhonda se levantou para caminhar com as botas, Larry lhe perguntou o que tinha achado, e quando ela respondeu que pareciam um pouco instáveis, ele lhe assegurou que ela se acostumaria com isso. Para provar o que dizia pegou-a pela mão e saiu valsando com ela pela loja enquanto todos os funcionários olhavam para eles num misto de incredulidade e estupefação. Eu ri muito do espetáculo, até me dar conta de que iríamos acabar comprando aqueles calçados sofisticados que deveriam custar uma pequena fortuna.

Descobrimos mais tarde que Larry era o dono da Gregory's e que sempre que passava pela loja atendia os clientes pessoalmente, ocasião em que acabava dando um pequeno curso de vendas para toda a equipe. Logo, Rhonda estava pagando mais por um par de botas do que jamais havia pagado por qualquer outro sapato na vida. E nós dois sabíamos que era muito pouco provável que viesse a usá-las algum dia.

Por que será que ela pagou tão caro por algo que estava fadado a ficar juntando poeira no armário? Porque Larry era diferente, assim como as botas de sua loja. Ele transformou um típico encontro de vendas num evento e, em determinado momento, fez com que o preço já não importasse mais. Quando estamos na presença de um gênio, simplesmente dizemos: "O.k., eu vou levar."

Você conhece a lei da vantagem? O cavalo que vence a corrida por um nariz de vantagem ganha 10 vezes mais dinheiro do que o que chega em segundo lugar. Isso não quer dizer que o vencedor é 10 vezes melhor. Apenas mostra o poder que a pequena vantagem sobre o concorrente exerce sobre o seu sucesso pessoal.

Faça a "lei da vantagem" trabalhar a seu favor e adapte as quatro estratégias apresentadas a seguir para se tornar diferente e melhor do que seu concorrente:

Estabeleça um relacionamento para se diferenciar e obter uma vantagem competitiva:

1. Demore-se tentando se aproximar de seus clientes mesmo quando eles lhe parecerem durões, grosseiros ou impacientes. Isso quer dizer tentar estabelecer um relacionamento harmonioso e de mútua compreensão. Dessa maneira, você estará deixando o comprador em potencial suficientemente à vontade para adquirir o seu produto. Muitas vezes, ir direto ao assunto logo de cara é a maneira mais certa de transformar um cliente normal num CDP. A boa notícia é que a maioria dos seus concorrentes é péssima nessa aproximação. Isso quando tentam. Encare as habilidades para construir um relacionamento que você aprenderá nesta seção como uma forma de se diferenciar.

Construir um relacionamento talvez seja algo natural para você, mas não foi o que aconteceu comigo. Como vendedor, eu era bom em fechar negócios e péssimo de bate-papo. No começo da carreira, eu vendia seguros de porta em porta e tinha que falar rápido e chegar logo ao que interessava. E, ao passar para o mercado de automóveis, usava a mesma técnica. É claro que eu culpava os clientes por não comprarem comigo. Achava que eles não eram sérios, que eram pão-duros ou que estavam só fazendo cera. Então, eu ia para casa e reclamava com a minha mulher de todos os CDPs que encontrava na concessionária. Era quase tão difícil quanto vender de porta em porta.

Por sorte, um profissional experiente me chamou um dia e disse: "Anderson, você está assustando os clientes com essa pressa toda. Vá lá e converse sobre qualquer coisa que não tenha a ver com a venda do carro durante os primeiros minutos. Precisa fazê-los gostar de você. E, neste exato instante, eles não gostam." Serei eternamente grato a ele por esse conselho. Quer você tenha ou não talento para construir um relacionamento, as estratégias a seguir vão ajudá-lo a vender mais e ter mais lucros. No Capítulo 8, apresentarei cinco maneiras de estabelecer uma relação com o comprador, mas antes precisamos construir alguns alicerces com estas 11 dicas.

Onze formas de construir uma relação:

- **Memorize e repita o nome do cliente durante a venda.** Lembrar-se do nome das outras pessoas que estão acompanhando a compra também ajuda a criar harmonia e construir um relacionamento. Por mais egocêntrico que possa soar, todos nós gostamos de ouvir nosso próprio nome e nos simpatizamos com as pessoas que se dão ao trabalho de memorizá-lo.

Três dicas para recordar nomes:

(1) Use um nome da mesma forma que lhe for dado. Por exemplo, se um cliente lhe disser que seu nome é José da Silva, não o chame de Zé ou de Silva – chame-o de José. Eu me apresento como Dave Anderson, não como David. Não há nada de errado com David, mas desde a quarta série as pessoas me chamam de Dave. Assim, depois que eu me apresento como Dave e alguém me chama de David, considero isso um primeiro erro. Com três erros – no máximo – eu me transformo num CDP.

(2) Repita o nome da pessoa assim que ela se apresentar para se certificar de que está usando a pronúncia correta. Dizê-lo rapidamente logo após as apresentações também ajuda a gravar o nome. É melhor ter um erro corrigido logo de cara do que irritar e desviar a atenção do cliente durante o processo de venda chamando-o pelo nome errado.

(3) Se o nome for incomum e difícil de pronunciar, não tenha vergonha de perguntar se você está falando do jeito certo. Apenas diga: "Quero ter certeza de que estou dizendo o seu nome corretamente. Pronuncia-se XXXX?" Isso não ofenderá a maioria das pessoas. Na verdade, é mais provável que apreciem o fato de você estar fazendo um esforço sincero para acertar.

- **Siga o ritmo do cliente.** Falar ou se mover a um ritmo drasticamente diferente do ritmo do comprador cria desarmonia e desconecta vocês. Se você costuma falar muito rápido e o seu cliente não for capaz de vencer uma corrida contra uma lesma, diminua um pouco a velocidade. Por outro lado, se você for do tipo lento, mas constante e metódico, e o seu comprador for do tipo cheio de energia, é preciso ganhar velocidade.

- **Aprenda a vender com perguntas, não apenas com respostas.** Construímos um relacionamento com um cliente envolvendo-o no processo com perguntas, não falando sem parar e soterrando-o com informações. Para estabelecer um entendimento com a outra pessoa, faça perguntas que tenham a ver com desejos e necessidades e preste bastante atenção às respostas.

- **Lembre-se de que você não pode parar de construir um relacionamento depois dos primeiros minutos da conversa.** Você precisa continuar a "investir na relação" durante todo o processo, caso contrário, ficará parecendo que estava apenas cumprindo uma formalidade antes de partir para o que interessa e chegar à venda, e o CDP não gostará nada disso. Construir uma relação é mais um processo do que um passo para o fechamento. Você correrá o risco de perder aquela sensação inicial agradável se não continuar a construir harmonia e compreensão. Quando você finge interesse pelo cliente por dois minutos e logo assume a sua expressão de "matar ou morrer", as pessoas percebem que você é falso e dissimulado, um vendedor amador.

- **Olhe nos olhos.** Talvez você considere essa técnica tão básica que se pergunte por que a incluí aqui. A resposta é simples: há muita gente fazendo feio nesse quesito. Você também deve estender a mão – se o comprador não quiser apertá-la não importa, mas você deve dar a escolha a ele. Olhe-o nos olhos durante a apresentação inicial. E saiba que ele perceberá a falsidade do seu sorriso se você não sorrir também com os olhos.

- **Pelo amor de Deus, sorria!** Se você estiver num dia ruim, o problema é seu! Seus clientes não querem lidar com uma pessoa mal-humorada e não dão a mínima para os seus problemas. Ficar reclamando da vida não é uma maneira eficiente de construir um relacionamento. Pelo contrário: é uma maneira rápida de ser desprezado ou detestado por um CDP que, por acaso, também tem os próprios problemas e não acha legal você poluir o ambiente com a sua negatividade. Não se comporte como esses vendedores azedos e melancólicos que ficam arrastando os pés de um lado para outro o dia inteiro com uma expressão torturada, irritada ou confusa.

- **Converse sobre assuntos triviais.** Não mencione política ou religião, a não ser que você conheça a pessoa num evento religioso ou para captar recursos em prol de uma campanha política. O tempo ou algum esporte costumam ser escolhas seguras. Num ano de eleição, um vendedor da nossa concessionária viu um adesivo no carro de um cliente e decidiu aproveitar a deixa como forma de construir um relacionamento. A conversa se deu mais ou menos assim:

  VENDEDOR: "Como vai? Vejo pelo seu adesivo que você está apoiando o candidato Fulano de Tal. Gosto bastante desse sujeito e acho que ele faria um bom governo."
  COMPRADOR EM POTENCIAL PRESTES A SER PERDIDO: De pé com os braços cruzados e uma expressão rígida feito pedra: "Este carro não é meu. Peguei emprestado com um amigo porque o meu pifou e preciso de outro. Para seu governo, não gosto do sujeito que você mencionou e, neste momento, não estou gostando nem um pouco de você. Será que tem outra pessoa aqui com quem eu poderia falar?"

- **Faça um elogio sincero.** Se o comprador tiver um escritório bem decorado, terá orgulho disso. Quando apropriado, reconheça isso e faça um elogio sincero.

Se alguém estiver usando uma joia única ou carregando uma bolsa fora do comum, pergunte a respeito. Isso aproxima as pessoas e demonstra um interesse em outra coisa além de simplesmente fazer a venda e receber a comissão. Só tome cuidado para não ir longe demais. Certa vez, o vendedor da loja de roupas do Caesar's Palace queria me vender uma jaqueta de couro e, ao notar meu relógio, tentou adivinhar "de quanto tinha sido o prejuízo". Respondi que ele tinha chegado bem perto e que, por causa disso, eu não podia comprar a jaqueta que estava me mostrando. Vendedores como esse conseguem me transformar num CDP. Acontece o mesmo com você?

- **Não fale muito de você mesmo.** Isso só agrega valor se os seus clientes estiverem precisando dormir. Muitos vendedores acham que podem estabelecer uma relação fornecendo informações pessoais desnecessárias.

- **Você pode estabelecer uma relação com o CDP mais detestável estimulando-o a falar de si mesmo ou de suas atividades.** Até mesmo os clientes difíceis parecem gostar de falar sobre si mesmos: o que fazem, como são bons no que fazem, os lugares que visitaram e o que já realizaram. Coloque o seu ego de lado e permita que eles se exibam um pouco.

- **Não peça licença para atender telefonemas ou mandar torpedos.** Isso passa para o comprador a mensagem de que quem quer que esteja ligando, por qualquer motivo, é mais importante do que ele. Faça isso com a pessoa errada e você terá um CDP instantâneo. Abuse da paciência até mesmo do cliente mais simpático dessa maneira e ele deixará você falando sozinho.

Numa era em que os clientes são tratados como interrupções e obrigados a conversar com computadores, é de estranhar que tantas pessoas esperem o pior quando vão fazer uma compra e que, como resultado, tenham se tornado menos leais a marcas e a empresas? Na verdade, os serviços estão tão ruins que, quando a gente encontra um vendedor alegre, prestativo e com conhecimento do produto que vende, fica procurando uma câmera escondida achando que caiu numa pegadinha. Essa epidemia de falta de profissionalismo e indiferença é a sua oportunidade para se diferenciar dos outros e conseguir tanto clientes normais quanto difíceis para toda a vida. Leve o tempo que for preciso para se aproximar do comprador em potencial e construir uma relação, faça as perguntas certas, mantenha um comportamento agradável e se concentre nas necessidades dele antes de ir direto ao assunto – este é o segredo não só para amansar os CDPs mais arraigados como também para impedir que pessoas normais se transformem em monstros.

2. Use o humor apropriado para se diferenciar e conquistar a simpatia do cliente. Segundo o treinador de vendas e escritor Jeffrey Gitomer: "Se eu consigo fazer um comprador em potencial rir, consigo fazê-lo comprar." Usar o humor apropriado exige criatividade e sutileza, mas é uma ótima forma de se diferenciar dos outros vendedores sem graça, chatos e pretensiosos que conseguem perder mais vendas do que fechar. Ao contrário do que você possa crer, clientes difíceis com frequência reagirão de maneira favorável ao humor, pois ele torna você diferente, cativante e, até mesmo, divertido. Isso pode impedir uma pessoa normal de se transformar num CDP e derreter o coração até mesmo do maior rabugento do mundo.

Sete dicas para usar o humor apropriado e realizar mais vendas:

- **Saiba o que não é apropriado.** Existe uma grande diferença entre ser engraçado e ser bobo, entre divertir o cliente e ofendê-lo. Não é apropriado:
  (1) Contar piadas de mau gosto.
  (2) Usar linguagem vulgar.
  (3) Forçar a barra para ser engraçado.
  (4) Zombar dos outros.
  (5) Em vez de ser bem-humorado, ser apatetado.

- **Use o humor logo de início para quebrar o gelo e construir um relacionamento.** Faça alguma observação divertida e não ofensiva sobre, por exemplo, a cidade de origem do comprador ou a profissão dele.

  Se você já vendeu qualquer coisa de porta em porta, também pode encontrar espaço para acrescentar: "Quando eu vendia produtos de porta em porta eu conseguia, de cara, dois pedidos em cada parada que fazia: vá embora e fique longe!"

- **Use o humor quando cometer um erro.** Quando você disser algo errado ou cometer algum erro grande ou óbvio durante a venda, diga algo do tipo: "Bem, o senhor deve se sentir honrado por estar lidando com o vendedor mais burro/esquecido/sem graça/desajeitado de toda a cidade. Acho que se eu visitasse um telepata hoje ele só me cobraria metade do preço." Esse tipo de autodepreciação funciona bem com as pessoas em geral e faz com que até mesmo o CDP mais difícil lhe dê um desconto, ficando do seu lado.

Ao usar o humor apropriado, você pode pegar uma coisa séria – como cometer um erro, derramar uma bebida sobre um cliente, esquecer o nome dele, etc. – e transformá-la numa vantagem para ajudá-lo a fechar o negócio.

- **Use o humor quando o cliente disser "não" para aliviar a tensão e reaproximá-lo da venda.** "Sr. Cliente, por mais estranho que isso possa parecer, é bom ouvi-lo dizer 'não'. Acabo de voltar de um seminário de negócios e aprendi que 80% das vendas são feitas após cinco 'nãos'. Assim, se nós conseguirmos encontrar outros quatro itens para os quais o senhor dirá 'não', estaremos bem perto de fechar o negócio."

  A seguir, arremate com algo do tipo:

  "Agora, falando sério, há algo impedindo que o senhor siga em frente hoje? Devo lembrá-lo de que a resposta 'Eu não sei' conta como mais um 'não' e que isso nos levará ainda mais perto da venda. Portanto, se o senhor quer sair daqui sem comprar coisa alguma, precisa ser o mais específico que puder."

- **Use o humor para lidar com clientes que estão com problemas ou fizeram queixas.** Quando um comprador está irritado por causa de um problema ou tem uma reclamação a fazer, não piore a situação com frases do tipo "Não é a minha função", "A culpa não é minha", "Você tem que falar com fulano de tal" ou assumindo uma postura antipática e mostrando-se indiferente ou preguiçoso. Em vez disso, dependendo da severidade do problema, diga algo mais ou menos como o seguinte, no tom e no ritmo corretos:

"Sr. Cliente, em primeiro lugar, permita-me lhe agradecer por não gritar comigo, por não me bater nem mandar um mafioso quebrar as minhas pernas, porque se algo assim tivesse acontecido comigo acho que não estaria administrando a situação tão bem quanto o senhor." (Você pode dizer isso com sinceridade até mesmo se a pessoa estiver sendo desagradável, pois isso fará com que ela se acalme, eliminando o clima de conflito.) A seguir, proceda com: "Vamos ver o que *nós* podemos fazer para consertar essa situação imediatamente."

- **Use analogias engraçadas para colocar um pouco de tempero e de vida nas suas apresentações.** Se desse para juntar a maioria das apresentações de vendas às quais assisti ao longo dos anos, engarrafá-las e vendê-las como soníferos, eu me aposentaria amanhã mesmo. Apresentações engraçadas são um ótimo diferencial e podem torná-lo inesquecível, além de fazer um CDP relaxar mais rapidamente. Pense a respeito das características e dos produtos que você vai apresentar e invente frases como estas para animar a conversa:

  "Sr. Cliente, este motor vai de 0 a 100 mais rápido do que a sua avó consegue gritar 'Bingo!'."

  "Sr. Cliente, este porta-malas é tão grande que se o senhor procurar talvez encontre um tesouro perdido aí dentro."

- **Use o humor quando estiver dando continuidade a um contato com clientes novos ou antigos.**

(1) Se você tiver que enviar um fax informativo para um cliente, utilize uma folha de rosto única e divertida para se destacar dos demais. Escreva algo assim:

Favor entregar esta mensagem ao VIP indicado acima.

Se você não é a pessoa em questão, deixe de ser curioso e pare de ler este documento.

Meu telefone: 7735-9979

Meu fax: 7735-0299

Entre em contato assim que puder!

O escritor e coach Jeffrey Gitomer, com quem aprendi essa técnica, diz que recebe aproximadamente cinco comentários por semana sobre a sua versão de folha de rosto de fax engraçada. Ela o torna memorável e atrai a atenção do cliente, duas coisas que já contribuem para aumentar suas vendas.

(2) Quando você for deixar uma mensagem de voz, diga algo leve e diferente que o ajude a se destacar e a aumentar as chances de que o cliente entre em contato:

"Sr. Jones, aqui é o Dave Anderson. Embora eu tenha certeza de que o senhor está ocupado, sei que ficaria muito desapontado comigo se eu não lhe telefonasse imediatamente tentando marcar outra hora para dar uma olhada no nosso produto. Eu não conseguiria dormir só de pensar que um cliente pode achar que me esqueci dele. Por favor, me telefone."

No caso de você ter telefonado para um cliente várias vezes deixando recados que não tiveram retorno, poderá experimentar a sugestão a seguir, usando a entonação e o tom de voz apropriados. Afinal de contas, a essa altura você terá pouco a perder e muito a ganhar sendo ousado e um pouco engraçado, ao mesmo tempo:

"Sr. Jones, aqui é o Dave Anderson outra vez e eu tenho novas informações para compartilhar com o senhor. Por favor, retorne a minha ligação ou peça uma medida cautelar contra mim, porque eu não vou sossegar até vê-lo apaixonado pelo nosso produto."

3. Diferencie-se de outros profissionais aprendendo a justificar o seu preço. Baixar o preço deve ser o seu último recurso para fazer uma venda, não o primeiro trunfo a sair da sua boca. No entanto, se você não aprender a justificar o seu preço, não terá outra alternativa a não ser reduzi-lo. A boa notícia é que quanto melhor você ficar nessa técnica, menos vezes terá que aceitar um valor inferior ao que está pedindo. Os vendedores tendem a se acovardar quando se deparam com um cliente difícil e começam a baixar o preço na tentativa de acalmá-lo. Você precisa abrir mão dessa estratégia de rendição se quiser se sobressair nesse ramo repleto de amadores e ganhar o que merece.

A seguir, quatro estratégias criadas especificamente para clientes que estão trocando carros, barcos, trailers, motocicletas, equipamentos industriais ou de escritório, etc., ou comprando produtos ou serviços que possuem fornecimento limitado. Também funcionam para qualquer um que estiver financiando uma compra.

- **Use o "fechamento de manutenção" para justificar um pagamento maior.** O fechamento de manutenção informa ao comprador em potencial o custo real do produto que possui atualmente. Por exemplo, se ele gastou 1.200 reais em consertos no ano passado com pneus, motor e freios e o financiamento pelo banco é de 350 reais, então o financiamento *real* sai por 450 reais ao mês (350 reais para o banco, mais 100 reais por mês só para manter a lata-velha rodando). Essa perspectiva é muito útil quando você tem um cliente teimoso que quer manter o financiamento nos mesmos 350 reais que está pagando hoje e você lhe apresenta um de 100 reais a mais por um produto melhor. Em vez de baixar o preço para chegar mais próximo dos 350, você pode *justificar* o seu preço lembrando ao Sr. Cabeça-Dura que não está pedindo mais do que ele já está pagando por um produto que não quer mais.

- **Use o fechamento do "quanto mais demorar, pior vai ficar".** Como o preço de novos veículos sobe e o valor dos usados dados como entrada cai, adiar uma compra porque o preço está alto é uma estratégia falha. Um cliente estará em melhor situação pagando o preço mais alto *agora*, uma vez que as condições só tendem a piorar. Talvez você queira explicá-las assim:

  "Sr. Cliente, o senhor mencionou que gostaria de guardar mais dinheiro para dar de entrada neste produto e conseguir prestações mais baixas. Embora isso pareça ser uma boa ideia, eu gostaria de chamar a sua atenção para o fato de que as suas boas intenções podem acabar lhe custando caro. Isso porque o preço do produto que o senhor está olhando sobe todos os anos e está com um desconto que vai ser suspenso em breve. Por outro lado, o carro que o senhor vai dar de entrada está se desvalorizando a cada mês e pode, realmente, ficar muito defasado quando alcançar determinada quilometragem ou apresentar algum problema mecânico. Infelizmente, nesse caso, quanto mais se espera para fazer a compra, piores as coisas ficam. Para impedir que isso aconteça, não faz mais sentido trocar o seu carro agora, já que ele nunca vai valer mais do que está valendo hoje, e aproveitar o preço do novo antes de o desconto acabar?"

- **Reduza ao ridículo a diferença entre o valor que você está propondo e o que o cliente aceita pagar.** Se quiser vender para mais pessoas difíceis, incorpore duas importantes frases ao seu arsenal: "Parte do meu trabalho é fazer com que isto faça sentido para o senhor" e "Parte do meu trabalho é impedir que o senhor cometa um erro". São frases prestativas e amistosas que colocam você e o seu cliente do mesmo lado. Use-as quando precisar justificar por que a pessoa deve pagar mais do que quer ou esperava pagar. A redução ao ridículo é uma técnica de eficácia comprovada, porém negligenciada por muitos vendedores. Por exemplo, 60 reais mensais acima do que o que o cliente quer pode parecer uma barreira intransponível, mas quando você reduz isso ao ridículo, faz todo sentido:

  "Sr. Cliente, nós estamos a 60 reais mensais de onde o senhor esperava estar. Sei que disse que se não conseguíssemos atingir a mensalidade desejada, o senhor iria para outro lugar. No entanto parte do meu trabalho é fazer com que este negócio faça sentido para o senhor e impedi-lo de cometer um erro. Existem outros produtos que eu poderia lhe mostrar que chegariam ao valor desejado, mas eles não teriam as características que o senhor me disse que está buscando. O fato é que o senhor está a apenas 2 reais por dia de ter o que quer e merece. Deve haver algum espaço no seu orçamento para encaixar esses 2 reais – afinal de contas, é só o preço de uma latinha de refrigerante. Não parece justo que o senhor tenha de abrir mão daquilo que deseja por causa de algo que nem faz bem, certo?"

Observe que em cada uma dessas situações, mesmo ao lidar com clientes que não queriam comprar sob as suas condições, você jamais baixou o seu preço. Você o justificou, deu sentido a ele e tomou partido do cliente para que ele não cometesse um erro. Isso lhe dá um diferencial, aproxima você do cliente e, mais importante, isso vende!

"À medida que vou ficando mais velho, presto menos atenção no que os homens dizem e mais atenção no que fazem." – Andrew Carnegie

---

- **Elabore e use um "caderno de evidências" para provar aos seus clientes o que você diz.** CDPs podem ser céticos. Eles não levam fé quando alguém simplesmente dá uma informação. Querem demonstrações. O caderno de evidências, com dados que atestam a qualidade do produto, é uma ferramenta que você usa para provar o que está dizendo, ressaltar o seu profissionalismo e construir o seu valor, o valor do seu produto e da sua empresa. A maioria dos vendedores não se dá ao luxo de montar algo parecido porque acha que exige muito trabalho. Em outras palavras, porque são preguiçosos. Seja melhor do que eles e considere os seguintes tópicos para embasar o seu argumento quando for vender para um cliente difícil.

(1) O que é um caderno de evidências e o que contém: Trata-se de um fichário dividido em três seções:

informações sobre o produto, cópias de relatórios de satisfação do cliente (se aplicável no seu setor) e de cartas que compradores satisfeitos lhe escreveram, clippings positivos do produto/serviço que você vende, prêmios pessoais que já recebeu, etc.

Um caderno de evidências pode ser montado ao longo dos anos. Envolve um processo contínuo e você deve atualizá-lo com frequência. Comece com algumas páginas e vá expandindo com novas informações. É provável que você já tenha boa parte do conteúdo espalhada por aí em gavetas ou pastas.

(2) Como usar um caderno de evidências: Se você tiver que deixar um comprador em potencial no seu escritório enquanto vai verificar alguns dados junto ao seu gerente, diga algo como:

"Sr. Cliente, vou consultar o meu gerente e ver como andam nossas taxas de juros. Enquanto eu estiver ausente, dê uma folheada neste fichário e veja se conhece algum desses clientes para os quais eu já vendi."

Ou:

"... enquanto eu estiver fora, dê uma olhada no que a revista *Carros incríveis* acha do modelo que o senhor está querendo."

Ou:

"... enquanto eu estiver procurando o produto no nosso estoque, dê uma olhada no que a revista *Joias finas* disse sobre o relógio de que você gostou."

(3) Use-o para "impedir que o cliente cometa um erro" quando ele falar em dar uma olhada no produto da concorrência.

Quando eu era o gerente de uma concessionária Toyota, atendi um cliente difícil querendo comprar um Celica. Nada do que o nosso representante de vendas dizia era suficiente para fechar o negócio. Ele estava decidido a comprar um produto concorrente de uma concessionária rival. Antes que ele fosse embora, o vendedor passou com o comprador em potencial pelo meu escritório para que eu pudesse lhe agradecer pela visita e por ter nos dado a chance de atendê-lo. Depois de me apresentar, eu lhe disse: "Sr. Cliente, somos gratos por ter passado aqui e examinado o nosso produto. Sei que somos a sua segunda opção e que está a caminho de comprar o produto XYZ. Parte do meu trabalho é fazer com que esse negócio faça sentido para o senhor e impedir que cometa um erro, então, antes que tome a sua decisão final, achei que talvez quisesse ver o que a *Melhores Esportivos* tem a dizer sobre o XYZ." Nesse momento, eu lhe mostrei o caderno de evidências do nosso departamento, que incluía a cópia de uma página da revista classificando o XYZ como o carro menos confiável de sua classe. O sujeito, que antes se mostrara impassível, pareceu ter levado um soco no estômago. Ele olhou para mim, olhou para o fichário, olhou para mim outra vez antes de se jogar na cadeira e disse: "Está bem. Vou levar o Celica."

Desnecessário dizer que se em vez de lhe mostrar a evidência eu dissesse: "Sr. Cliente, antes que o senhor tome sua decisão final devo lhe *dizer* o que a *Melhores Esportivos* escreveu sobre o XYZ", não teria sido tão eficaz e provavelmente teria soado como conversa de vendedor.

Resumo

1. Segundo a lei da diferenciação, quanto mais você se diferencia dos seus concorrentes, menos importância

os clientes dão ao preço, mas quanto menos você se diferencia, mais o preço vai pesar. O que o torna diferente e melhor? Se você não consegue ser específico, influente e convincente, prepare-se para receber salários medianos e ter uma carreira sem brilho em vendas.

2. Aproxime-se de um cliente difícil identificando pontos em comum e construindo um relacionamento, pois essa é a técnica mais eficaz para convertê-lo num cliente normal. Alcance o coração dele antes de pedir sua carteira.
3. Use o tipo de humor apropriado para distinguir você da multidão de vendedores-múmias que apenas cumprem com as suas obrigações todos os dias e tornam o processo uma coisa arrastada e chata. Se você puder se divertir e tornar o processo divertido para o seu cliente, ele vai se lembrar de você, achá-lo simpático e comprar o seu produto.
4. Baixar o preço deve ser sua última alternativa, até mesmo quando estiver vendendo para pessoas desagradáveis e prepotentes. Aprenda as frases e técnicas que vão ajudá-lo a justificar os seus preços e a manter um lucro alto pelo seu trabalho.
5. Um caderno de evidências tomará um pouco do seu tempo e exigirá dedicação, mas vai fazê-lo se destacar dos concorrentes. Com ele, você também estará equipado para provar o que diz até mesmo para os clientes mais difíceis, em vez de esperar que eles confiem na sua palavra. Um caderno de evidências, reunindo provas da qualidade do produto, vai diferenciá-lo e torná-lo melhor e mais autoconfiante, três atributos essenciais para que você faça mais vendas para CDPs.

CAPÍTULO 4

Elimine o conflito do processo de vendas

Sem querer, você pode provocar uma briga ou criar um conflito no processo de vendas desde o instante em que um comprador em potencial põe os olhos em você (ou ouve a sua voz ao telefone) até o momento em que tenta fechar o negócio. Não se esqueça de que não há como ganhar uma briga com um cliente. Ele sempre tem a palavra final, que pode variar de um simples "não" ou "estou indo para outro lugar" a algo bem ofensivo. Mesmo involuntariamente você pode criar resistência e ressentimento no comprador por causa de sua atitude, aparência e modo de se vestir, falta de habilidade e de conhecimento, assim como por todas as coisas que não tem como mudar: gênero, idade, sotaque ou etnia.

Você pode reclamar e dizer que não é justo fazer tudo certo e ainda assim o cliente não comprar com você porque ele é preconceituoso, tem uma predisposição a se irritar à toa ou uma implicância contra alguém com uma aparência como a sua ou um modo de falar e de agir como o seu. Tem razão, parece injusto. Mas a questão não é essa. O importante é fazer a venda. Portanto vista sua armadura mais potente, amadureça um pouco e vamos conversar sobre algumas maneiras de evitar fazer ou dizer algo errado durante o processo e sobre como neutralizar um CDP que parece decidido a arrumar confusão com você sem nenhum motivo.

Treze estratégias para eliminar o conflito do processo de vendas

Primeiro, vamos às áreas que você tem como controlar:

1. Passe a imagem de uma pessoa que adora o que faz. Os clientes ficam irritados no início do processo de vendas quando o vendedor não parece se importar se vai ou não fechar negócio. Se você o irritar logo de cara, o CDP não comprará com você mesmo que realmente queira o seu produto ou precise dele. Se você estiver num dia ruim, posso lhe garantir que ninguém vai querer saber a respeito, muito menos as pessoas que estiverem querendo gastar dinheiro na sua loja. Você jamais conseguirá muita compreensão de um cliente difícil se reclamar e choramingar sobre como as coisas andam difíceis. É mais fácil que ele o despreze pelas suas fraquezas e aproveite para acabar com o resto do seu dia.

Se eu puder recomendar uma frase para você não usar quando um cliente perguntar "como vai" é a lamuriosa "estou indo". Já parou para pensar em como essa frase é patética? Numa profissão importante como a de vendas, se "estou indo" é o melhor que você consegue responder quando alguém o cumprimenta, é melhor não dizer nada. Como diz a sabedoria popular, é melhor ficar calado e ser considerado um tolo do que abrir a boca e eliminar qualquer dúvida a respeito.

"É impossível contrariar e influenciar ao mesmo tempo." – John Knox

---

2. Evite exageros na sua apresentação. Compradores em potencial costumam se sentir insultados e incomodados com afirmações exageradas e generalistas do que o seu produto ou serviço é capaz de proporcionar. Uma vez que começarem a colocar a sua integridade em dúvida e tiverem a impressão de que o sensacionalismo está sobrepujando a verdade logo no início do processo, continuarão a duvidar de você até deixarem a loja sem comprar o que você está vendendo.

3. Não fale mal da concorrência. Aprenda o suficiente sobre o seu produto e o da concorrência para poder responder a perguntas de maneira inteligente e proporcionar comparações. Mais uma vez, evite usar exageros e generalizações, como "Eles fabricam carros nada confiáveis", "As taxas de financiamento deles são sempre mais altas do que a média" ou "Ninguém escuta a estação de rádio deles".

4. Não menospreze nenhum integrante do grupo de compradores. Isso inclui, especialmente, mulheres, crianças e secretários ou assistentes. Se ignorar essas influências no início da venda você vai se dar muito mal. John Maxwell sugere que uma forma de dar valor às pessoas é visualizar um "10" na testa de todo mundo e tratá-las de acordo, olhá-las nos olhos e ser sincero. Se você costuma apertar a mão do seu comprador em potencial e a família deste estiver junto, aperte a mão de cada pessoa, incluindo o menininho de 4 anos.

5. Não inclua palavrões nem histórias ou observações de gosto duvidoso na sua apresentação. Caso você não tenha entendido bem quando discuti um tópico similar no Capítulo 1, palavrões, sexo, política, piadas e qualquer anedota potencialmente ofensiva devem ser deixados de fora das suas conversas com um comprador, mesmo se achar que ele pensa da mesma maneira. Trata-se de assuntos de apelo emocional e, uma vez mencionados, é possível que deixem seu cliente tão distraído ou nervoso que ele não consiga se concentrar na venda. O resultado será um CDP instantâneo.

6. Não comece a fazer a sua análise de desejos e necessidades cedo demais. Cedo demais quer dizer antes de você ter estabelecido um denominador comum e ganhar a confiança do cliente de maneira que ele se sinta à vontade na sua presença. Ao se antecipar, poderá dar a impressão de estar "indo direto na jugular" e de não se importar com o comprador. Isso não quer dizer que você deva se alongar num bate-papo trivial de maneira a desperdiçar o tempo de ambos. Construa uma relação fazendo a pessoa falar de si e do seu ramo de atuação. Essa é uma maneira especialmente eficaz de ajudar um cliente difícil a se soltar.

> "Busque primeiro compreender e depois ser compreendido." – Stephen Covey

7. Não discuta com um cliente, mesmo se você tiver razão. Existe uma diferença entre discutir e persuadir. Numa discussão você fica na defensiva e passa para a ofensiva rápido demais. Você pode vencer cada discussão, estar 100% certo e, ainda assim, conseguir 0% das vendas porque, no final das contas, a pessoa que sai sem comprar nada faz de você o verdadeiro perdedor. Quando alguém disser algo errado ou com o que você não concorda, reaja da seguinte forma:

"Bem, essa é uma forma de ver a questão. O senhor já pensou em encarar a coisa desta maneira..."

Como diz o velho ditado, jamais discuta em público com um tolo – os espectadores não sabem distinguir a diferença.

8. Evite frases como "essa não é a minha função" ou qualquer variação sobre o tema ao explicar a um cliente por que você não pode fazer o que ele pediu ou por que você não tem uma resposta. Essas palavras podem ser o início de uma boa briga. Clientes – mais especialmente CDPs – querem fazer as coisas da maneira deles, não da sua, e não estão interessados nas suas desculpas, apenas nos resultados. Por isso você deve ser muito hábil ao lidar com pedidos que estão fora do seu alcance, contornando-os ou passando-os adiante sem pronunciar frases capazes de derrubar uma venda, como "essa não é minha função" ou "isso é com o meu gerente". Em vez disso diga algo como: "O meu gerente deve saber a respeito disso. Vou consultá-lo."

9. Plante cedo as sementes que irão baixar a guarda do comprador em potencial e mostrar a ele que você é diferente. Adapte as palavras a seguir de maneira que se adéquem ao seu estilo e a determinada situação e use-as logo no início da apresentação:

"Sr. Cliente, durante a apresentação, se o senhor tiver qualquer pergunta, por favor, não hesite em fazer. Se eu não tiver a resposta, pergunto a alguém. Se eu estiver indo rápido demais, é só me falar, e se eu lhe mostrar algo em que não esteja interessado, é só dizer que passo para outro item mais de acordo com a sua preferência."

Ao estabelecer essas regras prestativas e amistosas logo no início do processo de vendas, você cria confiança, reforça o relacionamento, elimina a possibilidade de um confronto e se diferencia dos outros, tudo ao mesmo tempo.

10. Saiba quais compradores prestarão atenção em sua aparência, sua maneira de se vestir, seu penteado, nas calças largas demais que deixam à mostra as cuecas samba-canção ou no fato de você ter piercings e tatuagens ou fumar. "Isso não é justo", você pode declarar outra vez, mas no mundo real as pessoas nos julgam com base em todas essas coisas. Certo ou errado, acontece o tempo todo. A maioria dos compradores em potencial, em especial CDPs, gosta da sensação de estar lidando com um profissional sério e, mesmo que você possua grandes habilidades e conhecimento, muita gente terá dificuldade em ignorar a sua aparência e realmente escutar o que você tem a dizer. Na verdade antes mesmo de você pronunciar as primeiras palavras, eles podem olhá-lo uma única vez e se perguntar de onde é que você veio. Os clientes não estão nem aí para o tipo de imagem que o vendedor deseja projetar, para como ele é único e especial ou para quaisquer outras questões que possam levá-lo a se vestir de maneira relaxada, deixar de tomar banho ou descuidar da aparência. E, se você fuma, posso lhe garantir que os clientes não vão querer vê-lo fumar nem sentir o cheiro de fumaça no seu hálito ou nas suas roupas.

É provável que você possa intervir em algumas das áreas que mencionei mais do que em outras. Se há algumas em que você não pode mexer ou que não quer mudar de jeito nenhum, apenas se lembre de que por causa disso muita gente vai julgá-lo, olhá-lo com desdém ou desejar, de alguma outra forma, evitá-lo e você precisará trabalhar duas vezes mais para que não se concentrem na sua aparência e se disponham a ver como você é bom no que faz.

11. Não minta, nem um pouquinho. No que diz respeito a um cliente, não existem mentirinhas leves. Mentira é mentira. Mesmo quando você não conta uma mentira deslavada, mas chuta ou faz uma estimativa e se engana, para o cliente – em especial um CDP que está torcendo para alguma coisa dar errado – você mentiu, e nesse momento a realidade é irrelevante e tudo o que importa é a percepção dele. Se você não tem a informação que ele quer, seja sincero, pergunte a alguém ou explique que não quer afirmar nada que possa causar algum mal-entendido. É bem menos embaraçoso não saber a resposta do que agir como se soubesse e ser considerado, justa ou injustamente, um mentiroso deslavado no final.

12. Vença as objeções antes que elas surjam. Os vendedores mais astutos e bem-sucedidos que conheço aprenderam a prever objeções e a vencê-las antes mesmo de aparecerem. Isso impede possíveis quebras no ritmo e contribui para um processo de vendas mais dinâmico.

Lembre-se do seguinte com relação às objeções:

- **Existem algumas objeções que você ouvirá sempre.** Se estivesse vendendo tapetes em Damasco há 2 mil anos, você ouviria as palavras "Vou pensar melhor a respeito" e se for negociar automóveis em Marte daqui a 2 mil anos, pode estar certo de que ouvirá a mesma coisa. Como essas objeções não mudam, é bom aprender a lidar com elas ou, melhor ainda, eliminá-las antes de virem à tona.
- **Muito do que consideramos objeções na verdade não passam de inquietações dos clientes.** Se alguém pergunta "qual é o menor preço pelo qual consigo comprar este produto?", não está fazendo objeção ao custo e sim expressando uma inquietação. Mas se você não lidar bem com a pergunta, a inquietação poderá se transformar em objeção.

- **Dependendo do produto ou do serviço que você estiver vendendo, pense nas objeções que ouve com mais frequência e responda-as durante a sua apresentação de maneira a não dar ao comprador a chance de expressá-las.** Em vez de rezar para que a objeção não surja, acrescente determinados pontos ao seu discurso que ajudem a neutralizá-la. Essa abordagem proativa separa um excelente vendedor de um vendedor mediano.

  Leia as três situações a seguir para ver essa técnica em ação:

Primeira situação:

Você está se preparando para apresentar um produto ou serviço sabendo que há pouco ou nenhum desconto negociável ou que o seu produto é mais caro do que um produto similar em outra loja. Você também sabe que isso poderá se transformar numa objeção mais tarde, quando disser o preço ao comprador ou caso este lhe peça um abatimento. É melhor se preparar para essa situação dando dicas sutis de que o cliente não deve esperar um preço melhor do que o apresentado. O ideal é fazer com que isso pareça algo positivo e não negativo.

No momento apropriado da sua apresentação, acrescente o conceito a seguir. Remodele as frases para que elas soem o mais naturais possível.

- "O senhor tem muito bom gosto, Sr. Cliente. Estes produtos são tão bons que temos uma lista de espera." Qualquer pessoa normal compreenderá que uma lista de espera significa "Você não terá desconto por este produto!".

- "A vantagem de anunciar na nossa rádio, Sr. Cliente, é que, uma vez que estiver na nossa frequência, terá os spots mais populares e procurados de todo o mercado." As pessoas esperam pagar mais pelo que há de melhor e de maior visibilidade. Isso alimenta o ego delas e engorda o seu cheque de comissão.
- "O senhor veio aqui na hora certa, Sr. Cliente. Normalmente, nem temos este produto em estoque e precisamos fazer pedidos especiais para os nossos compradores." Essas palavras não só ajudam você a justificar os preços altos (lei da oferta e da procura) como criam urgência para que o produto seja adquirido de imediato.
- "Posso ver que o senhor se preocupa com a qualidade, já que escolheu um produto/serviço tão durável que, a longo prazo, acaba saindo barato." Esse poderoso argumento agrega valor, justifica o preço e garante que você terá que negociar muito pouco com o cliente.

Minha definição favorita do ato de vender é "a arte de administrar expectativas". Se você plantar sementes conforme indicado nos pontos acima e o fizer logo no início do processo, sua posição será mais plausível e digna de crédito do que se esperasse para ouvir mais adiante a objeção "o seu preço é alto demais" e precisasse assumir uma atitude defensiva para justificar a impossibilidade de oferecer um desconto.

Não diga nem faça algo logo no início do processo que dê ao comprador em potencial a impressão de que ele conseguirá um acordo fabuloso apenas para fazê-lo despencar de volta à Terra quando você lhe mostrar os verdadeiros termos do contrato. Esse tipo de prática *cria objeções* porque você aumenta as expectativas do cliente a um nível irreal quanto ao valor do produto e, quando mostra o preço verdadeiro, ele se sente ludibriado, desapontado ou acha que você mentiu. A lição, aqui, por mais estranha que possa soar, é não dar esperanças ao cliente. Não adianta deixá-lo animadíssimo com possibilidades que não vão se concretizar e depois se ver forçado a dar a má notícia e frustrá-lo por completo. Isso não quer dizer ter que ameaçá-lo com observações diretas e insensíveis do tipo "isso vai lhe custar caro". É só seguir os roteiros educados descritos nos pontos de A a D para que sintam que não vão ganhar desconto algum, fazendo-o de forma positiva, leve. Essa técnica desarma CDPs em potencial e neutraliza CDPs genuínos antes que mostrem quem são de fato.

Segunda situação:

Você está se preparando para apresentar um item que já teve problemas de qualidade no passado. Talvez alguma revista tenha criticado o seu produto e você imagina que muitos clientes possam estar a par dessa questão. Como eu disse antes, não se faça de morto nem fique rezando para que essa inquietação não surja achando que talvez esteja diante do único cliente na face da Terra que não leu a notícia. Desse modo, ele poderá usar a reputação do seu produto como um balde de água fria sobre o seu empenho em fechar o negócio, forçá-lo a baixar o preço ou ir à procura de outro produto. Mais uma vez, você precisa plantar as sementes para administrar as expectativas do comprador logo de cara e, com grande habilidade, colocar as coisas sob uma perspectiva positiva.

No momento apropriado da sua apresentação, acrescente o conceito a seguir. Remodele as frases para que elas soem o mais naturais possível.

- "Durante minha apresentação, Sr. Cliente, mostrarei as *diversas melhorias* que a marca XYZ realizou em seu produto recentemente." Essa frase se dirige às inquietações relacionadas à qualidade antes mesmo que elas surjam e forcem você a ficar na defensiva.
- "Não sei se o senhor está a par das muitas melhorias que fizemos no produto recentemente para deixar os clientes ainda mais satisfeitos e confiantes, então eu gostaria que me desse alguns minutos para mostrá-las ao senhor." Novamente, essa abordagem oferece um aspecto positivo ao seu produto e destaca o fato de ele ter sido aprimorado em vez de tentar ocultar o seu passado.
- "Não estou certo se o senhor sabe da fatia de mercado que a nossa rádio detém, Sr. Cliente, mas fico satisfeito em relatar que tivemos muitos ganhos durante os últimos períodos. A tendência atual está a nosso favor." Isso faz com que os clientes pensem na chance de atrelar o seu produto a uma estrela ascendente e torna menos relevante qualquer notícia anterior de que sua rádio tinha pouca audiência.
- "Um dos motivos pelos quais eu adoro vender a marca XYZ, Sr. Cliente, é o fato de ela ter um compromisso de 100% com o aprimoramento do produto. Deixe-me explicar ao senhor algo que fizeram recentemente." Essa é mais uma maneira de mostrar que as questões negativas de ontem ficaram para trás.

Se você levantar essas questões antes que as inquietações surjam, eliminará esse obstáculo de uma vez por todas e seguirá com a sua apresentação sabendo que melhorou o grau de confiança do cliente naquilo que ele está comprando, esclarecendo dúvidas e eliminando a possibilidade de conflitos. A principal estratégia aqui é evitar qualquer resistência ou reação negativa que possa impedi-lo de estabelecer o tom da conversa ou deixá-lo numa posição desconfortável.

Não é sua obrigação se desculpar com um cliente por alguma falha do produto ou confessar todos os defeitos dele no passado. Dar informações demais nesse sentido é imprudente e muitas vezes irrelevante. Você deve se concentrar no presente e no futuro.

Terceira situação:

O comprador em potencial lhe diz de cara que pretende visitar a concorrência. Talvez a sua seja a primeira loja da lista. Ele confessa que está "só olhando" e que nunca toma uma decisão na primeira visita ou que está reunindo propostas de vários concorrentes e que um comitê vai analisar as informações e tomar uma decisão. Entenda que essas pessoas, com frequência, estão buscando uma maneira fácil de escapar e dando logo a deixa para tirar de cima delas a pressão de terem que comprar na hora. Sem questionar a declaração inicial, você pode eliminar o motivo para a fuga e o desejo de ir à concorrência introduzindo as ideias apropriadas durante a sua apresentação. Se você fizer bem o seu trabalho nesse momento, verá que a necessidade desses clientes de ir a outro lugar tende a desaparecer, pois não terão mais qualquer motivo para fugir.

Na verdade, remover todas as razões que um cliente possa ter para visitar a concorrência é mais fácil do que você imagina porque, por mais que as pessoas finjam gostar de bater perna por aí, a maioria tem mais o que fazer. Use as seguintes estratégias para transformar um CDP badalador num admirador de suas habilidades de vendedor.

- Faça um ótimo trabalho diferenciando-se da concorrência por meio de uma abordagem profissional e respeitosa, um conhecimento profundo do seu produto e uma postura relaxada e tranquila.

- Logo depois que o comprador em potencial lhe disser que pretende visitar outras lojas e que não comprará nada na hora, elimine o conflito do processo de vendas dizendo algo como: "Entendo que queira olhar por aí para se certificar de que vai comprar o melhor produto pelo que pode pagar. Na verdade, centenas de clientes, todos os anos, comparam o nosso produto ao X, Y e Z e, ainda assim, decidem ficar com o nosso. O senhor quer saber por quê?" (E então prossiga com a sua apresentação agregadora de valor.)
- Use o caderno de evidências que descrevi anteriormente de forma a comparar o seu produto ou serviço ao da concorrência. Apresente esses dados ao comprador em potencial para que ele possa *ver com os próprios olhos* que o seu é superior. Diga algo do tipo: "Sr. Cliente, como o tempo dos nossos compradores é muito valioso, tentamos tornar a sua decisão mais fácil e agradável fazendo o dever de casa para eles. Posso lhe mostrar como a revista *Guia do comprador* classificou o nosso produto com relação àqueles que o senhor disse querer conhecer?"

O que não fazer:

Quando um comprador em potencial lhe disser de cara que não quer fazer negócio na hora e que deseja visitar a concorrência, não fique na defensiva e não mude de tom com ele. Compreenda que isso é, com frequência, um mecanismo de defesa para fazê-lo perder o ritmo e que você pode vencê-lo usando as técnicas certas. Não perca o interesse pelo cliente nem fique nervoso por achar que não vai conseguir fazer a venda no mesmo dia. Lembre-se de um fato importante: seus compradores em potencial mentirão de vez em quando. Imagino que isso não seja novidade para alguns de vocês, mas muitos precisam deixar de acreditar em tudo o que um cliente diz, especialmente coisas como "Vou conhecer o produto da concorrência" ou "Não estou preparado para comprar hoje". Muita gente vê razão para mentir para um vendedor. Afinal de contas, do ponto de vista deles, só estão tentando conseguir uma vantagem antes de alguém lhes passar a perna.

13. Elimine o conflito do processo de vendas evitando falar do seu preço final até ter a chance de mostrar o valor do produto ou serviço. Isso, é claro, dependerá do que você vende. Alguns produtos têm preços com pouca margem para negociação. Quando você trabalha com um produto cujo preço costuma ser negociado ou que é rigorosamente comparado ao da concorrência, precisa ganhar tempo para estabelecer seu valor antes de mostrar o preço final. Um cliente difícil poderá forçá-lo a conversar sobre o preço muito antes que seja sábio entrar no assunto, mas não há como justificar o preço se o valor ainda não foi esclarecido. Quando você próprio está para adquirir um produto, se sente melhor em relação ao que pagará por ele antes ou depois de compreender quanto vale? Quando você se dispõe a pagar mais por ele: antes ou depois de conhecer o valor? Levando em consideração as suas respostas, quando você acha prudente conversar sobre o preço mais baixo possível com o comprador em potencial: antes ou depois de ele enxergar valor naquilo que você está vendendo? A resposta é óbvia. Esquive-se de preocupações com o preço usando frases inteligentes como as que encontrará nos roteiros a seguir até ter tido a oportunidade de construir o valor necessário para justificar o preço.

Situação: Um cliente difícil, bem no início do processo de vendas, antes de você ter a oportunidade de fazer a apresentação, pergunta: "Qual é o melhor preço que consigo por isto aqui?"

"Sr. Cliente, até eu ter a oportunidade de lhe mostrar o que o senhor vai levar pelo seu dinheiro, nenhum preço que eu mencionar lhe parecerá justo. Depois que o senhor vir como o nosso produto valoriza o seu investimento, nós dois nos sentiremos melhor a respeito desta transação. Por isso, deixe-me perguntar..." E reassuma o controle do processo de vendas enquanto você prossegue com sua investigação.

Além das palavras acima, você pode usar os 12 roteiros a seguir, dependendo do estágio em que estiverem quando o cliente der início à conversa sobre preços.

Cliente: "O preço é alto demais!"

- "Vamos supor que o preço não fosse a questão. Haveria qualquer outra coisa impedindo o senhor de fechar este negócio hoje mesmo?" (Use isto para descobrir se há outras objeções.)
- "Sim, Sr. Cliente, este produto não é barato. No entanto milhares de pessoas visitam a concorrência todos os anos e acabam voltando para comprar conosco. O senhor quer saber por quê?" (Agora você volta a agregar valor ao seu produto e então se posiciona para fechar o negócio.)
- "Alto demais se comparado a que, Sr. Cliente?" (Certifique-se de que vocês estejam comparando produtos análogos.)
- "A que distância nos encontramos de fechar o negócio, Sr. Cliente, X reais ou Y reais?" (Reduza, então, a diferença ao ridículo, conforme demonstrado no Capítulo 3, para que o negócio faça sentido.)

- "Antes de seguirmos em frente, acho melhor me certificar de que esta mercadoria ainda está disponível. O senhor se importa de aguardar um instante enquanto faço isso?" (Essa estratégia é chamada de "fechamento ameaçado". Algumas pessoas não sabem quanto querem determinada coisa até estarem prestes a perdê-la.)
- "É exatamente por isso que o senhor deve levá-lo. Se o preço está lhe parecendo alto agora, Sr. Cliente, a má notícia é que os preços de carros novos só tendem a subir – às vezes de 2 a 3 vezes por ano. Portanto, quanto mais o senhor esperar, pior. Vamos fechar com esse preço enquanto está baixo e colocar esta compra no passado para que o senhor possa aproveitar logo o seu carro novo."
- "É verdade, Sr. Cliente, mas o senhor sabe que está levando aquilo pelo que vai pagar. Alguma vez, já comprou alguma coisa muito boa pagando pouco?" (Observe que, nesses roteiros, você nunca discute com o comprador. Você reduz a resistência concordando com ele e depois justifica a sua posição.)
- "Sim, Sr. Cliente, tenho certeza de que os preços subiram desde a última vez que o senhor procurou este produto. Mas permita que eu lhe mostre as melhorias que estão embutidas neste preço." (E, assim, continue a sua investigação e apresentação de agregação de valor.)
- "Sr. Cliente, na ABC Decorações, o preço é a parte mais fácil. A parte difícil é escolher, entre tantos estilos e acabamentos, exatamente aquilo que o senhor quer. Vamos nos concentrar nisso primeiro e eu prometo deixá-lo feliz com os preços mais tarde." (Prossiga com a investigação e a apresentação.)

- "Sr. Cliente, o preço é a melhor parte e eu geralmente deixo para o final, depois de lhe mostrar o que o senhor vai levar pelo seu dinheiro. Se achar isso justo, permita que eu lhe pergunte..." (Então faça uma pergunta investigativa para redirecionar o processo de vendas.)
- "Sr. Cliente, fico satisfeito com seu interesse pelo preço, mas a essa altura eu não conheço suas necessidades ou seus desejos e qualquer preço que eu lhe der poderá passar uma ideia errada. Sugiro passarmos os próximos minutos procurando o serviço que melhor atenda aos seus desejos e prometo fazer de tudo para deixá-lo satisfeito com o preço mais tarde." (Concentre-se outra vez na sua investigação.)

Enquanto você evita o assunto preço e ganha tempo para valorizar o seu produto, é importante ter em mente que quem faz as perguntas controla a conversa. Se você se pegar na defensiva, dando resposta após resposta, diminua o ritmo do cliente fazendo-lhe perguntas relacionadas à compra:

"Sr. Cliente, me esqueci de lhe perguntar: este produto é para uso comercial ou doméstico?" Depois faça outra pergunta, e outra, até estar no caminho certo do processo investigativo e de construção do relacionamento e mais uma vez com a transação sob controle.

Um vendedor muito bem-sucedido que conheço eliminou o conflito do processo de vendas colocando uma placa em sua sala com uma frase de Oscar Wilde: "Um cínico é alguém que sabe o preço de tudo e o valor de nada." De maneira sutil e espirituosa, isso desencoraja um cliente a tornar o preço a questão mais importante durante uma compra. Se isso se adequar ao seu estilo, você poderá pensar em incluir a mesma prática no seu arsenal para tirar o fôlego de um CDP antes que ele tenha a chance de ficar nervosinho.

Resumo

Faça tudo o que estiver ao seu alcance para não aborrecer, irritar, contrariar ou ofender os clientes com palavras, tom, comportamento ou aparência errados. Isso impedirá que eles se tornem desagradáveis ou prepotentes, além de acalmar aqueles que já são assim naturalmente.

1. Demonstre amor pelo seu trabalho. Você atrairá para a sua vida aquilo que projeta com a sua atitude.
2. Evite exageros durante as apresentações. Eles fazem com que você soe falso, pouco profissional e nada confiável. Também criarão expectativas difíceis de cumprir.
3. Não fale mal da concorrência. Isso caracteriza uma pessoa mesquinha, maldosa, imatura e antiética.
4. Não menospreze qualquer pessoa do grupo de compradores. O respeito é algo recíproco, assim como a arrogância.
5. Não encha sua apresentação de palavrões ou histórias de gosto duvidoso. Você tem uma profissão séria, portanto aja de acordo.
6. Não comece o processo investigativo cedo demais. O cliente precisa comprar você antes de comprar o que você está vendendo, portanto demore-se procurando um denominador comum.
7. Não discuta com o cliente mesmo se você tiver razão. É exaustivo, caro e simplesmente tolo comprar brigas que não se pode vencer.
8. Evite a frase "essa não é minha função". Diga isso com frequência e você logo estará proferindo uma nova frase: "Estou procurando emprego."
9. Plante as ideias necessárias para baixar as expectativas do cliente. Não crie falsas esperanças. Traga-o de volta

à realidade com delicadeza. Você não pode contrariar as pessoas e ao mesmo tempo vender para elas.

10. Saiba que o cliente irá julgá-lo. Faça o que puder para parecer e soar profissional em todos os momentos. Caráter, competência e sinceridade ajudam um comprador a não prestar tanta atenção à sua aparência e ao seu modo de falar, mas não fique esperando que todos simpatizem com você logo de cara. Alguns jamais o farão.
11. Não chute, nem um pouquinho. Se você conta uma mentirinha leve, nem por isso deixa de ser um mentiroso. A verdade pode doer por um instante, mas mentir para um cliente pode acabar com a sua carreira.
12. Vença as objeções antes que elas apareçam. Dê início a um ataque preventivo contra aquelas que escutamos com mais frequência. Tomar a ofensiva impede que você, mais tarde, jogue na defesa quando o cliente trouxer os questionamentos à tona.
13. Ganhe tempo para construir o valor antes de ser convencido a discutir o maior desconto que pode dar. Se o cliente não enxergar o valor, nenhum preço lhe parecerá justo.

CAPÍTULO 5

Como enfrentar e desarmar a "ameaça quádrupla"

Há inúmeras ameaças que impedem você de fazer uma venda para pessoas difíceis. Este capítulo irá cobrir quatro delas: clientes que se comprazem em lhe dizer que vão visitar a concorrência; gente sem consideração que marca hora e não aparece; "o anjo da guarda", aquele prestativo sabichão que um comprador em potencial leva consigo para lhe dar conselhos; além do cliente delirante, que tem expectativas de preço tão pouco realistas que você fica convencido de que ele vem de outro planeta. Com as habilidades certas e muita delicadeza, você poderá ser bem-sucedido mesmo nessas situações.

1. **Vencendo a ameaça número 1: Venda de maneira eficaz contra a concorrência.** Existe uma sequência lógica que você deve seguir quando os clientes disserem que vão comparar o seu produto ou serviço com o de um concorrente. Muitos vendedores ficam nervosos ou ansiosos nesse momento e começam a falar demais, recorrem à negatividade ou ao sarcasmo ou ficam agressivos. Veja a seguir três passos a serem dados que vão ajudá-lo a fechar o negócio e vencer a concorrência de maneira profissional, rápida e convincente.

    - **Identifique os motivos do cliente para a compra e o que provoca suas reações mais acaloradas.** Antes de despejar informações demais sobre o produto e compará-lo a outros, pise no freio e seja específico. Identifique, exatamente, quais são as motivações do cliente para a compra. O que é capaz de provocar suas reações mais fortes? Quando chegar o momento de comparar o seu produto com o da concorrência, você vai querer que as diferenças impressionem o comprador em potencial e que elas tenham grande relevância. A única forma de você conseguir isso é usando nessa comparação as características ou os benefícios do produto que têm maior significado para o cliente.

- **Apresente o seu produto de maneira que ele atenda aos interesses do comprador em potencial.** Reformule a sua apresentação para relacionar as áreas de maior interesse do cliente com as de maior vantagem do seu produto ou serviço. Comparar o seu produto a outro usando aspectos que não são vitais para o cliente será irrelevante para ele e poderá ser encarado como uma cortina de fumaça, algo usado para desviar a atenção daquilo que realmente importa. Explore as características mais desejadas e a sua apresentação ficará estimulante, interessante e aproximará você ainda mais da venda. Divague sobre uma porção de diferenciais para os quais o cliente não dá a mínima e ele ficará menos disposto a comprar com esse vendedor que fala demais e desperdiça seu tempo. Além disso, ele vai se sentir mais inclinado a dar uma olhadinha mais cuidadosa no que a concorrência tem a oferecer.
- **Se o CDP se apegar a um ou dois detalhes insignificantes como motivo para não comprar, use uma resposta apropriada, inspirada nos seguintes roteiros, como estratégia para posicionar corretamente as prioridades.**

"Sr. Cliente, a sua decisão de investir num novo veículo vai se basear em 30 litros de espaço no porta-malas ou nas muitas características de segurança e de conveniência que me disse serem primordiais para o senhor e sua família?"

"Sr. Cliente, quando se trata de tomar a decisão final, qual fator é mais importante para o seu negócio: economizar alguns centavos ou ter um produto de qualidade que fará com que os seus fregueses sempre voltem?"

Se o comprador em potencial responder "as duas coisas são importantes" peça algo mais específico, respondendo:

"Entendo, mas o que é *mais* importante?"

"O mais importante é manter o mais importante como o mais importante." – Stephen Covey

---

Para utilizar essa estratégia sobre vender apesar da concorrência, você precisará ter um conhecimento profundo das características do seu próprio produto assim como daquele oferecido por outros estabelecimentos. Se o seu produto não tiver boas pontuações nas áreas que o comprador considera mais importantes, tente ampliar os seus motivos para a compra a fim de incluir as áreas em que você sabe que o seu leva vantagem. Por exemplo, se o principal interesse do cliente for segurança e o produto concorrente no qual está interessado tem uma vantagem nesse quesito, embora você saiba que o seu é mais confiável e econômico, mude o enfoque da conversa e amplie os motivos dele para a compra perguntando:

"Fico satisfeito em saber que a segurança significa muito para o senhor, pois o nosso produto tem um desempenho muito bom nessa área. Além de segurança, o senhor diria que a confiabilidade e a economia são importantes?" (Você consegue imaginar alguém respondendo "não" a essa pergunta?)

O mais provável é que o cliente responda à pergunta de maneira afirmativa. Quando ele o fizer, comece a sua apresentação com as áreas em que o seu produto, de fato, oferece vantagens no que diz respeito à segurança (e evite aquelas nas quais não oferece) e então prossiga enfatizando as vantagens relacionadas à confiabilidade e à economia do seu produto.

2. Vencendo a ameaça número 2: Certifique-se de que os seus compradores apareçam quando marcarem hora. Algumas vezes, clientes podem ser desleixados, irresponsáveis e mal-educados. Eles se comprometem a aparecer num determinado dia e horário e não aparecem e, em muitos casos, nem telefonam para avisar. Isso demonstra um imenso desrespeito pelo seu tempo. Independentemente do motivo para não manter a palavra, isso atrapalha o seu dia, interrompe o seu ritmo e pode ser frustrante. Mas, muitas vezes, a culpa pelo furo do cliente é do próprio vendedor. Ele não possui as habilidades necessárias para marcar compromissos sérios ou não consegue passar a imagem de que é um profissional e de que o seu tempo é valioso.

Como profissionais de vendas, também temos a tendência, com frequência excessiva, de dar aos nossos compradores o benefício da dúvida, pressupondo que farão o que dizem e acreditando que, uma vez que marcarmos um compromisso, nosso trabalho está feito, quando, na verdade, está apenas começando. Ao seguir os passos adiante, você poderá aumentar drasticamente as chances de um cliente de fato aparecer para um compromisso ou, pelo menos, ligar para remarcar.

Marcando compromissos que sejam levados a sério:

- **Depois que você e o cliente definirem um horário para o encontro, o seu trabalho não acabou – ele apenas começou.** Muitos profissionais de vendas comemoram demais quando agendam uma visita, deixando de investir mais 60 segundos nos argumentos que praticamente garantirão que o comprador em potencial aparecerá ou telefonará, se houver um imprevisto. Pense na marcação do encontro como a partida e não como a linha de chegada.
- **Uma vez que você marcar o encontro, obtenha um comprometimento.** É preciso estabelecer um compromisso mais forte para que o cliente apareça ou pelo menos telefone se não puder ir. Você deve passar a ideia de que este é um compromisso sério e de que o seu tempo tem valor.

A seguir, um exemplo de roteiro a ser usado imediatamente após vocês agendarem uma hora para o encontro. Esse roteiro pressupõe que estejam marcando o compromisso por telefone, mas você poderá aplicar os mesmos princípios quando estiver falando com alguém cara a cara.

Sr. Jones, por favor, pegue papel e caneta. Tenho algo para o senhor anotar. (Com essa frase, você assume o controle da conversa.) ***Meu nome é Dave Anderson e o meu telefone é 9941-1493.*** (Isso aumenta a chance de o cliente gravar o seu nome e ligar de volta se houver um imprevisto.) ***Anote o dia e horário do nosso encontro: 11 de março, às 14h40. Estou registrando na minha agenda, também.*** (Isso estabelece ainda mais um comprometimento, mostra credibilidade e faz a outra parte crer que você está levando o encontro a sério e que espera que ela faça o mesmo.) ***Antes da sua chegada, vou deixar a área de vendas e pedir que limpem o carro que o interessou e o separem para que o senhor possa dar uma olhada. O senhor bebe café ou prefere uma bebida gelada?***

... Ótimo, vou pedir então que passem um café fresquinho para esperar pelo senhor. Se acontecer algo na loja que possa interferir no nosso encontro, ligarei imediatamente para remarcarmos. O senhor poderia fazer o mesmo por mim? Será um prazer recebê-lo terça-feira às 14h40. (Você acaba de criar uma imagem mental na qual reserva um horário especial para o cliente. Ele agora o visualiza deixando a área de atendimento, pedindo que limpem o veículo e providenciando o café. Isso colocará um pouco mais de pressão para que a pessoa apareça ou, pelo menos, telefone, se não puder ir.)

Dei como exemplo a venda de um carro, mas você pode adaptar o roteiro para se adequar ao seu produto. Observe que marquei o encontro numa hora quebrada: 14h40. Fica mais fácil de memorizar e, como dá a impressão de precisão, servirá para criar uma percepção ainda maior de que o seu tempo é valioso e que você espera que ele faça o que disse e apareça ou, pelo menos, telefone para remarcar no caso de um imprevisto.

- **Um gerente deve confirmar o telefonema.** Sempre que possível, a visita deve ser confirmada com pelo menos um dia de antecedência. E é melhor que outra pessoa telefone para confirmar, de preferência alguém numa posição de autoridade (gerente, coordenador de serviços ao consumidor, etc.). Se isso não for possível no seu caso, você mesmo pode fazer a confirmação. O interessante sobre o roteiro que compartilharei a seguir é que, mesmo não conseguindo contatar a pessoa por telefone, é apropriado deixar um recado – e, ainda assim, esperar exercer um grande impacto.

"Sr. Cliente, meu nome é Dave Anderson e sou o gerente da loja de música We Will Rock You. Estou vendo que o senhor tem uma visita agendada para amanhã às 15h10 com Mike Black para conhecer a nossa nova linha de guitarras Fender. Eu quis lhe telefonar e agradecer de antemão pela visita e passar o meu telefone direto caso algo aconteça e o senhor não consiga contatar o Mike. É 9900-1123. Espero poder conhecê-lo amanhã e gostaria de agradecer-lhe, mais uma vez, pela visita à nossa loja."

Quando eu era responsável pelas vendas de concessionárias automotivas, cada loja que se reportava a mim tinha uma quota diária de visitas, e os gerentes tinham que telefonar e confirmar esses compromissos. Ao final do dia eu recebia uma planilha que mostrava quantas visitas haviam sido agendadas, quantos clientes tinham aparecido de fato, quanto haviam comprado e quantos encontros tinham sido confirmados para o dia seguinte. Havia, também, um campo em que o gerente que confirmara o horário colocava suas iniciais. Era tiro e queda: as visitas confirmadas por um gerente tinham três vezes mais possibilidade de acontecer do que as demais.

3. Vencendo a ameaça número 3: Lidando bem com "o anjo da guarda". Um anjo da guarda aqui é aquela pessoa que o comprador leva a tiracolo para lhe oferecer conselhos e usar todo o seu conhecimento para ajudá-lo numa compra. Muitas vezes, compradores inseguros levam anjos da guarda para impedi-los de cometer algum erro. Estes também são conhecidos como "especialistas" ou "sabichões". No entanto, com a atitude correta, um pouco de delicadeza e habilidade, você pode transformar o anjo da guarda do cliente num aliado que vai ajudá-lo a fazer a venda.

Algumas informações relevantes sobre anjos da guarda:

Um anjo da guarda é alguém em quem o cliente obviamente confia e que respeita, portanto comprar briga com ele será o mesmo que erguer um muro entre você e a venda. O relacionamento do comprador em potencial com o anjo da guarda é bem mais importante do que o relacionamento dele com você ou com o produto ou serviço que você tem para vender. Assim, mesmo que a pessoa realmente queira o que está sendo oferecido, vai se sentir obrigada a visitar outro estabelecimento se o vendedor insultar, ofender ou fizer pouco do anjo da guarda de alguma maneira. O próprio anjo da guarda, por sua vez, sente que precisa fazer ou dizer algo que justifique o fato de estar acompanhando o comprador. Com isso em mente, você pode dar os seguintes passos para criar uma experiência mais positiva e rentável da próxima vez que um comprador levar consigo um sabichão para o atrapalhar.

- **Reconheça a presença do anjo da guarda assim como o seu papel ou expertise.** Diga algo como: "É ótimo conhecê-lo. Como eu gostaria de ter tido alguém para me ajudar na compra do meu primeiro carro" ou "da minha primeira casa", etc. Isso elimina qualquer possível conflito logo de início.
- **Use frases prestativas que estabelecem princípios básicos positivos e o tom para uma venda amistosa.**

Estas são parecidas com as apresentadas no Capítulo 4.

"Pessoal, se eu estiver indo rápido demais, é só falar. Se vocês quiserem fazer alguma pergunta, fiquem à vontade. Se eu não souber a resposta, posso descobrir, e se eu estiver mostrando alguma coisa que não interesse a vocês, me avisem, por favor. Se trabalharmos juntos, prometo que chegaremos ao produto certo e que faremos um ótimo negócio."

- **Não deixe o seu ego se colocar no caminho do processo de vendas porque um anjo da guarda insiste em irritá-lo ou frustrá-lo.** Mantenha o todo em mente. Recorde as palavras de Zig Ziglar: "Ou você alimenta o ego ou alimenta a família."
- **Inclua o anjo da guarda na sua apresentação.** Não se esqueça de dar mais atenção ao comprador, mas inclua o anjo da guarda na conversa olhando-o nos olhos e dando-lhe a oportunidade de fazer perguntas.
- **Não envergonhe o anjo da guarda rebaixando-o ou desdenhando uma pergunta ou preocupação que ele tenha expressado.** Isso pode transformar tanto o comprador principal quanto o anjo da guarda num CDP. Conduza o seu encontro com habilidade e diplomacia. Você saberá que realizou bem o seu trabalho quando, ao tentar fechar a venda, o anjo da guarda se virar para o comprador e disser: "Você precisa comprar este produto."

4. Vencendo a ameaça número 4: Expectativas do tamanho do mundo. É comum que os clientes tenham expectativas pouco realistas relacionadas ao custo do produto ou do serviço por que se interessam. Isso costuma acontecer quando eles não fazem pesquisas e estão completamente por fora do mercado em questão. Prepare-se para encontrar esse tipo de cliente e saiba que não é difícil lidar com ele depois que você lhe apresenta o verdadeiro cenário e agrega valor suficiente para justificar o preço. O que não dá para perdoar é o vendedor amador, desleixado e falastrão que cria uma série de expectativas altas demais e torna impossível cumpri-las mais tarde. Com isso o comprador em potencial se sente desiludido, desapontado, traído e, até mesmo, enganado. Depois de anos trabalhando no ramo de automóveis, cansei de ver vendedores que deixavam o cliente animado com a promessa do preço que conseguiriam pelo seu carro usado apenas para deixá-lo com cara de bobo, mais tarde, ao lhe mostrarem o valor real do automóvel para ser usado como entrada, transformando o comprador num CDP furioso. Numa profissão em que as pessoas dependem de clientes antigos e de indicações, de maneira a garantirem uma boa renda, criar expectativas artificialmente altas é dar um tiro no pé. Embora eu esteja falando do ramo automotivo neste exemplo, muitas são as indústrias que defendem essa abordagem por meio de anúncios enganosos e equipes de vendas despreparadas. Dê uma olhada nas situações a seguir, que eu já presenciei inúmeras vezes, e aprenda o que não fazer:

Primeira situação de sabotagem:

Um cliente chega e demonstra interesse por um veículo bastante antigo (um que está no pátio da concessionária há muito tempo) e que o gerente está extremamente motivado para vender. Sem pensar nas consequências, um vendedor imprudente poderá dizer algo como: "Vou lhe dizer uma coisa: meu chefe poderia fazer um negócio de pai para filho com o senhor. Este carro está aqui há um tempão e precisa sair."

Quando um comprador em potencial está lá na sua frente e você tem o controle sobre o processo de vendas, por que dizer algo que aumentará as expectativas dele de tal maneira que o único resultado possível será desapontá-lo ao informar o preço real? Mesmo que você lhe proponha um negócio incrível, a maioria dos clientes não vai apreciar o preço real daquilo que você está oferecendo. Isso acontece porque com o seu "negócio de pai para filho" a impressão que você passou para ele foi a de que o produto sairia praticamente de graça. Lembre-se de que não existe realidade, apenas percepção, e vender é a arte de gerenciar essas percepções.

Segunda situação de sabotagem:

Um cliente lhe pergunta quanto vale seu carro usado (ou outro produto que se encaixe no exemplo) se este for dado como entrada e você responde: "Não sei ao certo, mas posso lhe garantir que o meu gerente vai adorar o seu carro. Há tempos que não vejo um tão conservado e tão bacana."

Como a maioria das pessoas acredita que o seu produto usado vale muito mais do que o seu valor de fato, você acaba de iludir ainda mais essa pessoa com esse elogio exagerado. Quando você diz algo assim, aumenta as expectativas do cliente a um nível irreal e não pode culpar ninguém por ter perdido a venda, a não ser você mesmo.

Ainda que alguém tente induzi-lo a dizer que o seu produto usado é de boa qualidade, permaneça profissionalmente neutro. Apenas responda: "Sim, Sr. Cliente, é um barco bonito. Na verdade, estamos com sorte, ultimamente, pois muitos clientes deram barcos bonitos como o seu de entrada." De maneira educada, você está dizendo a ele que o barco usado que ele pretende dar de entrada não tem nada de extraordinário, mesmo admitindo que é, de fato, bonito.

A moral desses dois exemplos, e de situações parecidas, é jamais dar muita esperança aos seus clientes no que diz respeito a expectativas financeiras. Suas chances de conseguir vender para clientes que se sentem trapaceados ou enganados são mínimas.

Resumo

1. Venda de maneira eficaz contra a concorrência concentrando-se nos motivos que o cliente considera mais importantes para a compra. A seguir, compare o seu produto/serviço nesses quesitos e mostre como o seu apresenta uma vantagem incontestável.
2. Se o seu produto não apresenta uma vantagem incontestável nos atributos mais importantes para o comprador em potencial, reformule a apresentação de maneira a fazer o seu produto se relacionar melhor com as motivações do cliente.
3. Certifique-se de que um cliente de fato apareça para uma visita agendada obtendo um comprometimento e fazendo com que alguém com uma posição de autoridade confirme o encontro.
4. Lide de maneira eficaz com anjos da guarda livrando-se de qualquer possível constrangimento dizendo: "Acho ótimo que você tenha vindo com ele. Como eu gostaria de ter tido alguém para me ajudar quando comprei o meu XXXX."
5. Lembre-se de que a lealdade dos compradores está com o anjo da guarda e que eles desistirão do que você estiver vendendo – mesmo adorando o produto – se

acharem que essa compra prejudicará o relacionamento com o amigo. Por esse motivo, você jamais deverá menosprezar, ignorar, desdenhar ou envergonhar um anjo da guarda.

6. Reduza as expectativas pouco realistas de um cliente que está totalmente por fora do mercado demorando-se para explicar qual é o verdadeiro cenário e agregar valor àquilo que você vende. Não crie falsas expectativas com palavras impensadas ou promessas exageradas. Seus clientes vão se sentir traídos e tomarão o rumo de outro estabelecimento.

CAPÍTULO 6

Resolva os problemas assim que surgirem

Alguns clientes parecem ser diplomados em discordar. Se você não fosse uma pessoa sensata, acharia que estão, deliberadamente, tentando provocá-lo, deixá-lo maluco ou levar algo muito bom por quase nada. Outros clientes, porém, não são do tipo que dão o primeiro passo para dificultar as coisas. Eles têm um problema que não é administrado como esperavam e isso traz à tona o que têm de pior. Vendedores indiferentes ou incompetentes tiram-nos do sério com uma combinação de respostas curtas e grossas, uma linguagem corporal passivo-agressiva ou um comportamento desagradável. Embora o primeiro passo para impedir que as brasas de descontentamento do comprador em potencial se transformem num inferno flamejante seja investir na prevenção a incêndios seguindo as estratégias deste livro, você também precisa de táticas para acalmar, desarmar ou neutralizar os valentões natos. Nos dois casos, é uma boa ideia corrigir o problema durante o estágio inicial de forma que uma questão simples não se transforme num conflito de proporções épicas.

Seis estratégias para lidar com clientes raivosos

1. Inicie sempre a sua resposta aos relatos dos problemas do cliente com as palavras "Sinto muito". Esse recurso ajuda a eliminar o conflito da situação e pode desarmar o comprador. As pessoas ficam muito apreensivas quando levam um problema à atenção de alguém pela primeira vez e, com frequência, esperam o pior. Uma resposta humilde acalma o CDP e dá a ele uma sensação de alívio. Você já deve ter ouvido várias vezes pessoas dizerem: "Tudo o que eu queria, na verdade, era um pedido de desculpas" ou "Ele nem ao menos pediu desculpas".

2. Fique zangado *pelo* cliente, mas nunca *com o* cliente. Se você se aborrecer com as mesmas coisas que deixaram os seus clientes zangados, é quase impossível que eles fiquem com raiva de você. Diga algo como:

"Odeio quando isso acontece" ou "Isso jamais poderia ter acontecido" ou "Isso me deixaria com muita raiva. Considerando o que aconteceu, o senhor está lidando muito bem com a situação".

3. Pergunte ao cliente o que será necessário para compensá-lo. Em muitos casos, ele pedirá menos do que você teria possibilidade de oferecer. Na maioria das vezes, ficará tão satisfeito em vê-lo assumir a responsabilidade por algo que aconteceu que nem pedirá grande coisa. No entanto, quanto mais tempo você levar para resolver uma questão e quanto mais irritado o comprador ficar, mais alto será o valor necessário para consertar o problema. Antes que você se preocupe com quanto custará mantê-lo satisfeito e desejoso de fazer negócio com você no futuro, saiba que os Tarp (Technical Assistance Research Programs, ou Programas de Pesquisa em Assistência Técnica, com sede nos Estados Unidos) calculam que custe 5,7 vezes mais arranjar um cliente novo do que manter um antigo satisfeito.

4. Leve-os ao seu líder. Por quê? Porque o chefe muitas vezes pode dizer sim quando você é obrigado a dizer não. Se eles estiverem pedindo algo que você não tem autorização para aprovar, não reclame, apenas leve-os ao seu superior. CDPs, com frequência, pedem para ver o chefe de qualquer maneira, assim você antecipa a necessidade que eles sentem disso. Em vez de surpreender o seu chefe aparecendo na sala dele com um cliente enfurecido, dê um jeito de avisá-lo antes do que está acontecendo.

5. Jamais passe a bola adiante. Torne seu qualquer problema que um cliente lhe trouxer. Nunca sugira que ele procure outra pessoa. Se necessário, leve-o até alguém mais qualificado para solucionar a questão. Mesmo que você não possa resolver o problema, ele é seu até que outro funcionário se responsabilize. A última coisa que uma pessoa que está com um problema quer é transpor ainda mais obstáculos que só a deixariam mais irritada.

6. Evite frases hostis. As palavras que você diz e a maneira como se expressa poderão rapidamente piorar ou amenizar o problema. Portanto você não pode se dar ao luxo de ser negligente ou imprudente ao responder ao cliente. Fique longe de coisas idiotas como:

- "Essa não é a minha função." Essa frase incendiária é um ímã para conflitos. Em vez disso, diga:

  "Sinto muito que o senhor esteja tendo problemas com isso. Vamos encontrar a pessoa que poderá nos ajudar a solucioná-los."

  Ou:

  "Sinto muito que o senhor esteja perdendo seu tempo com algo desse tipo. Vamos ver como resolver isso imediatamente."

- "O senhor precisa falar com o Sr. Jones." Em primeiro lugar, isso é passar a bola adiante. Em segundo, ninguém gosta que lhe digam o que fazer – em especial quando você já está descontente. Em vez disso, diga:
  "Sinto muito que o senhor esteja tendo problemas com isso. Deixe-me ajudá-lo a encontrar o Sr. Jones para que ele nos diga como resolver o assunto."

Releia esses seis pontos e você vai se dar conta de que o primeiro passo para lidar com clientes zangados é diminuir, imediatamente, o grau de tensão e eliminar o conflito do processo de vendas em vez de deixar que a questão assuma uma proporção maior usando palavras, o tom ou a atitude errados. Os segundos iniciais da interação com o comprador são cruciais. Eles estabelecerão o clima para o resto da transação e induzirão o cliente a se tornar seu pior inimigo ou seu maior aliado.

Aprendendo com o Marriott

A cadeia de hotéis Marriott fez uma pesquisa com dezenas de milhares de hóspedes no intuito de descobrir qual seria a probabilidade de retornarem a uma de suas filiais. O público pesquisado foi dividido em três categorias: pessoas que não tiveram problema algum durante a estadia, aquelas que tiveram problemas que permaneceram sem solução durante a estadia e as que tiveram problemas solucionados durante a estadia.

Eis o que descobriram:

- Cerca de 89% dos hóspedes que não tiveram problema algum disseram que voltariam ao Marriott. É óbvio que nem todo mundo ficou impressionado, mas não seria bem satisfatório manter 89% dos nossos clientes?

- Em torno de 69% dos hóspedes com problemas que permaneceram sem resolução disseram que retornariam ao Marriott. Muitas pessoas acham difícil perdoar. Você tem uma chance de acertar e é só. Em termos de porcentagem, o Marriott perdeu uma porção significativa de hóspedes ao deixar de resolver o problema dos clientes à altura do que eles esperavam.
- Um total de 94% dos hóspedes que tiveram um problema que foi resolvido declararam que voltariam ao Marriott. Leia outra vez. Praticamente todos voltariam apesar de terem tido um contratempo durante a estadia. Essa valiosa pesquisa nos ensina uma grande lição: o cliente que tem problemas que são bem administrados se mostra mais leal do que aqueles que nunca tiveram problema algum.

Qualquer um pode cometer um erro e deixar a peteca cair de vez em quando. O mais importante, porém, é como você lidará com isso quando acontecer. Portanto faça de tudo para solucionar os problemas assim que eles surgirem. E lembre-se de que não é só o que você diz, mas também como se expressa quando está lidando com clientes. Muitos vendedores até colocam um sorriso nos lábios, mas traem os verdadeiros sentimentos com um tom irritado, indiferente ou sarcástico.

O que fazer quando você cometer um erro

Errar é humano. O problema é que, quando se trabalha com vendas, os clientes costumam supor o pior: que você os enganou de propósito, que mentiu por omissão ou que foi simplesmente incompetente. Numa época em que as pessoas parecem estar cada vez menos dispostas a assumir a responsabilidade pelos próprios erros, ou por suas vidas de maneira geral, você pode minimizar o dano e se destacar da multidão se fizer o seguinte:

- **Admita o seu erro e assuma a responsabilidade por ele.** Se o erro ocorreu por culpa sua, reconheça. Se você deu a informação errada, admita. Não culpe os outros nem lance mão de desculpas como "Eu estava num dia ruim", etc. Apenas diga: "Eu não tenho desculpa. Cometi um erro e é isso." Você ficará surpreso ao ver como isso funciona bem.
- **Faça o que estiver ao seu alcance para consertar o erro.** Assumir a responsabilidade é mais do que fazer uma confissão. Também significa agir para consertar o erro.
- **Se o cliente não estiver disposto a perdoá-lo, reitere o seu pedido de desculpas sem ficar na defensiva.** Diga algo como o seguinte: "Quero realmente pedir desculpas pelo que aconteceu com o senhor. Poxa, algumas vezes é uma droga ser humano e imperfeito." Até mesmo o CDP mais durão perderá a vontade de tratá-lo mal depois que você já se recriminou, ainda mais após admitir que você é exatamente igual a ele: um ser humano cheio de defeitos.

"Quando você comete um erro, há três coisas a fazer: admitir que errou, aprender com o erro e não repeti-lo." Paul "Bear" Bryant

---

Resolver os problemas assim que surgirem pode ser econômico

Muitos supervisores que estão lendo este trecho já sabem que, no momento em que o problema de um cliente chega à mesa deles, vai sair muito mais caro deixá-lo contente do que sairia se o conflito tivesse sido administrado num nível hierárquico inferior. E não estou me referindo apenas aos reais a mais mas também às valiosas horas de trabalho desperdiçadas enquanto a questão ficou no ar. Acrescente a isso o custo de ter um cliente infeliz espalhando para mais e mais gente, a cada dia, como ele foi maltratado pela sua organização enquanto tentava resolver uma questão. É por isso que faz sentido, economicamente falando, treinar seu pessoal e delegar poder a eles para que saibam lidar com os problemas dos compradores assim que caírem nas mãos deles, sem precisarem verificar com os supervisores e obterem inúmeras permissões e assinaturas.

Enquanto isso, no Ritz

Durante minha estadia no Ritz Carlton, em Battery Park, em frente à Estátua da Liberdade, tive uma ótima experiência como cliente, a não ser por duas exceções: nos dois dias em que mandei minha roupa para a lavanderia, ela não foi trazida de volta para o meu quarto. Tive que telefonar duas noites seguidas para pedir que descobrissem onde minha roupa tinha ido parar. Não foi nada grave, mas é um pouco inconveniente quando você está viajando, se preparando para dar uma série de palestras, com detalhes mais importantes para administrar. Quando fui fazer o *check-out*, a recepcionista me perguntou se eu estava satisfeito com o serviço do hotel e eu lhe disse que tudo havia sido ótimo, mas que tinha percebido um problema de comunicação entre a lavanderia e os mensageiros, já que minhas roupas (alguns ternos e camisas) não haviam sido trazidas de volta ao meu quarto em dois dias consecutivos. Sem pestanejar, a recepcionista verificou minha conta na tela do computador e disse: "Sr. Anderson, sinto muito que tenha tido esse problema. Já excluí essas cobranças (eram mais ou menos 200 dólares) da sua conta." Fiquei surpreso com aquilo e disse que não esperava receber nada de graça, que a qualidade do serviço de lavanderia tinha sido adequada, mas que apenas gostaria de registrar essa falha. Ela, porém, não considerou minha justificativa e deixou aquelas despesas de fora. O mais digno de nota foi que ela não precisou consultar um supervisor, telefonar para alguém pedindo aprovação ou consultar um "guia de atendimento ao consumidor" para decidir o que fazer.

Estudos demonstram que consumidores insatisfeitos expõem muito mais os seus problemas com as empresas do que os satisfeitos. Estima-se que em média um cliente infeliz reclame de uma empresa com pelos menos 10 pessoas e que 13% do total de clientes infelizes se transformam em "terroristas corporativos", reclamando com pelo menos 20 pessoas só para se vingarem do vendedor. Portanto, se você tem o hábito de enfurecer as pessoas, enfiar a mão nos bolsos delas ou tratá-las mal, logo, logo será capaz de encher um estádio de futebol inteirinho com gente que não quer fazer negócio com você nem de graça.

Respostas para CDPs de carteirinha como último recurso

Digamos que tenha atendido a ligação de um CDP legítimo que está irado com você ou com a sua empresa. Ele é ofensivo, rude e o ameaça. Como vendedor, você enfrentará essa situação vez por outra. Se você não tiver um plano, é provável que reaja mal e faça a tensão aumentar demais em vez de abrandá-la. Siga as duas estratégias sugeridas pelo meu amigo Zig Ziglar sobre como lidar bem com essas situações potencialmente explosivas e ao mesmo tempo manter os seus clientes:

Primeira estratégia: Fique em silêncio.

O silêncio absoluto surpreenderá e, mais importante, acalmará uma pessoa furiosa. Os clientes que insultam ou falam palavrões provavelmente são provocadores que adoram uma discussão. Não entre no jogo deles. Faça uma pausa até a pessoa perguntar: "Você ainda está aí?" A essa altura, se você quiser se divertir e ganhar o cliente em vez de ganhar do cliente, pegue a parte da crítica que foi mais ridícula e exagerada e diga: "Pelo que entendi, o seu problema principal é ______________." Repita de maneira clara e concisa o que ele acabou de dizer. É bem capaz que o cliente, um tanto envergonhado, acabe confessando que o problema, na verdade, não foi tão grave quanto ele pintou.

Segunda estratégia: De modo profissional, porém firme, estabeleça limites.

"Sr. Cliente, quando o senhor se dirige a mim dessa forma, sinto que não tenho mais como ajudá-lo. Se puder trabalhar comigo e se concentrar no problema, acredito que poderemos chegar a uma solução. No entanto, se o senhor continuar a usar uma linguagem ofensiva e de baixo calão, a minha integridade exigirá que eu coloque um ponto final nesta conversa."

Se os insultos continuarem, faça o que prometeu. Caso essa conversa esteja ocorrendo pelo telefone, dê algum tempo para o cliente esfriar a cabeça e ligue de volta. É bastante provável que ele esteja envergonhado pelo comportamento rude e se mostre bem mais calmo. Nesse momento você estará numa ótima posição para resolver o problema ou fechar a venda, pois o cliente acha que fez alguma coisa *com* você e que agora precisa fazer algo *por* você. Isso pode incluir um pedido de desculpas, um desejo de lhe escutar ou até mesmo de "consertar as coisas" comprando ou continuando a comprar com você.

A vida é curta demais para você se permitir ser um saco de pancadas para um cliente que passa dos limites. Mas, ao mesmo tempo, pelo bem dos seus interesses comerciais de longo prazo, é fundamental que você esteja mais interessado em conquistar a pessoa do que em ganhar a discussão. Como disse Abraham Lincoln certa vez: "A melhor forma que conheço de vencer o inimigo é transformá-lo em amigo."

Resumo

1. As primeiras palavras que você deve usar quando se dirigir a um cliente insatisfeito são: "Sinto muito."
2. Fique zangado *pelo* cliente, mas nunca *com* o cliente.
3. Pergunte ao cliente o que precisa ser feito para resolver o problema dele.
4. Leve-o ao seu chefe.
5. Jamais passe a bola adiante.
6. Evite frases e tons hostis ou atitudes defensivas.
7. Lembre-se de que os clientes que têm um problema resolvido rapidamente são mais leais do que aqueles que não tiveram problema algum.
8. Solucione as questões do cliente assim que forem apresentadas, mesmo que você esteja nos níveis mais baixos da organização. Comercialmente falando, isso é mais econômico, pois quanto mais o problema durar e quanto mais avançar na organização hierárquica da empresa sem ser resolvido, mais custoso ele ficará.
9. Quando cometer um erro, admita, ofereça-se para consertá-lo e não fique na defensiva se o cliente tiver

dificuldade em perdoar você. Uma postura calma e humilde acabará por acalmá-lo e conquistá-lo.

10. Encontre a motivação para resolver os problemas assim que surgirem no fato de os clientes insatisfeitos falarem para muito mais gente sobre o tratamento recebido do que os satisfeitos.

CAPÍTULO 7

Conquiste um fã-clube

É uma vergonha passar anos ou décadas na profissão de vendedor e precisar apostar corrida com novatos para fisgar um cliente porque você jamais cuidou das pessoas para quem vendeu durante todo esse tempo, não deu continuidade à sua venda, não fez nada para que se lembrassem de você, não os valorizou e hoje eles não têm o menor motivo para voltar a comprar com você ou indicá-lo a outros clientes.

Na primeira concessionária onde trabalhei conheci um sujeito que se comportava exatamente assim. Jay estava lá havia quase 30 anos e ainda precisava disputar um cliente com os vendedores inexperientes debaixo do calor texano de 43 graus porque nunca fez nada para construir um relacionamento com seus compradores. Ao final do mês, seus números eram medianos ou baixos. Você pode perguntar: o que isso tem a ver com vender para um cliente difícil? Tudo! Clientes antigos ou que são indicados significam sempre negócios mais fáceis do que pessoas que não o conhecem nem confiam em você ainda. Elas também dão uma pontuação maior ao vendedor nas pesquisas de satisfação e indicam dezenas de novos clientes ao longo dos anos.

A melhor forma de lidar com menos CDPs é aprender a conservar os clientes que você já possui e obter indicações deles. Aliás, qualquer um que vive de vendas deveria ter como meta se *tornar* menos dependente de clientes novos a cada ano. Isso não quer dizer que você deva se esquivar de fazer novos negócios nem fugir deles, mas depender menos deles para ganhar a vida e pensar nessas novas conquistas como um bônus que aumentará significativamente os seus ganhos. Os vendedores mais bem-sucedidos que já conheci conquistaram um verdadeiro fã-clube de seguidores fiéis que jamais pensariam em comprar com qualquer outra pessoa. Você pode fazer o mesmo. Ainda que você seja como Jay, esteja no mesmo ramo há décadas sem ter construído o tipo de acompanhamento que lhe proporcionaria segurança financeira, poderá começar imediatamente. Como diz o velho ditado: "Embora ninguém possa voltar atrás e criar um novo começo, qualquer pessoa pode começar hoje a criar um novo final."

Lições do maior vendedor do mundo

O *Guinness* registrou Joe Girard como o maior vendedor do mundo em 12 edições! E embora Joe vendesse carros, você pode aprender com seus ensinamentos e aplicá-los ao seu caso. Em primeiro lugar, eis o histórico de Joe: ele vendeu 267 carros no primeiro ano que passou no ramo automotivo (atualmente, um vendedor de carros comum vende, em média, de 8 a 10 unidades por mês). No seu quarto ano, foram 614 carros e caminhonetes no varejo. Depois de alguns poucos anos no mercado, 60% dos seus clientes já haviam comprado com ele anteriormente e os outros 40% chegaram a ele por indicação. Nos últimos anos da carreira, sua média era de cinco carros por dia. O segredo do sucesso de Joe é tão válido hoje quanto era na época em que batia recordes mundiais.

A seguir, as cinco principais dicas de Joe para criar um fã-clube:

1. Não faça parte da panelinha.

"Aprendi uma lição importante muito cedo na minha carreira. Não faça parte da panelinha. A maioria dos vendedores aprende isso no primeiro dia de trabalho num local novo, mas logo se esquece. O que isso quer dizer é o seguinte: se você for homem, não se junte àquilo que chamamos de 'clube do bolinha' do local onde você trabalha. Trata-se do lugar onde todos os rapazes se juntam de manhã para falar sobre o que fizeram na noite anterior, as queixas das esposas no café da manhã ou qualquer outro assunto que nada tem a ver com trabalho." Joe Girard (*Como vender qualquer coisa a qualquer um*)

Reflexões sobre não fazer parte da panelinha:

- **Quanto mais brechas você tiver na agenda, mais tempo passará jogando conversa fora.** O tempo livre acaba sendo desviado para as suas fraquezas e para o trivial. Agende suas prioridades e estruture sua programação na noite anterior ao dia de trabalho. Feito isso, se empenhe intensamente em seguir aquilo que planejou.
- **Pense nas pessoas com as quais você passa mais tempo no trabalho: elas o ajudam a chegar mais perto dos seus objetivos ou o afastam deles?** Da próxima vez que você se pegar num grupinho fofocando, relembrando histórias ou reclamando, pergunte-se: "Quanto essa conversa está me ajudando a faturar neste instante?" Pegue o tempo que você tem passado com a panelinha e use-o para dar continuidade a negócios, telefonar para seus clientes regulares ou enviar malas diretas, construir relacionamentos para a vida toda, diferenciar-se dos demais

vendedores e se tornar menos dependente de novos clientes.

- **Se você faz parte da panelinha, dê um jeito de cair fora imediatamente.** Você não precisa criar inimigos nem se isolar dos colegas quando decidir sair do grupo. Apenas comece a passar mais tempo sendo produtivo e eles logo acharão que você não é mais tão "divertido" quanto antes e vão deixá-lo em paz para fazer as suas coisas. "Fiquei no mesmo emprego todos esses anos porque o que mais conta é *como* você trabalha e não *onde* trabalha. Nós temos uma boa localização, como todo mundo, e o nosso sistema de remuneração é mais ou menos o mesmo dos vendedores em geral. Na verdade o que mais conta é a *inteligência* com a qual eu trabalho, algo mais importante até do que o empenho." Joe Girard (idem)

2. Conhecendo a lei Girard dos 250. Cada vez que você desagrada um cliente, desagrada outros 250!

"Em muitos funerais católicos, distribuem-se santinhos com o nome e a foto do falecido. Certa vez perguntei a um agente funerário como ele decidia quantos santinhos mandar imprimir e ele me disse que a experiência lhe ensinou que o número médio de pessoas que compareciam a um funeral era 250. Pouco tempo depois, perguntei a um agente funerário de cerimônias protestantes que comprou um carro comigo quantas pessoas costumavam aparecer para um funeral ou um enterro, e ele me respondeu a mesma coisa: 250. Então, um dia, numa festa casamento, perguntei ao homem que comandava o bufê qual era o número médio de convidados para aquele tipo de evento e ele me respondeu: 'Uns 250 da noiva e 250 do noivo.' Você já deve saber do que se trata a lei Girard dos 250, mas vou lhe dizer assim mesmo: todo mundo conhece 250 pessoas na vida que são importantes o suficiente para serem convidadas para o casamento ou para o funeral!" Joe Girard (idem)

Com base na lei Girard dos 250, se você desagradar apenas duas pessoas por mês, ao final do ano haverá 6 mil pessoas influenciadas negativamente por aqueles clientes desgostosos. Se você permanecer no ramo durante uns 15 anos, poderá reunir o equivalente a um estádio de futebol lotado de gente que vai preferir evitá-lo sempre que puder.

3. Trate seus clientes melhor do que qualquer outro vendedor. Se você só enxerga cifrões quando olha para um comprador em potencial, isso transparecerá nas suas palavras e ações. Mas se você enxergar a oportunidade de estabelecer um relacionamento mutuamente benéfico para a vida toda, essa atitude também transparecerá. Como a maioria dos clientes se acostumou à indiferença, à apatia e à mais completa grosseria por parte dos vendedores, não é muito difícil se destacar.

Há pouco tempo minha esposa comprou um carro novo numa concessionária que fica a poucos quilômetros da nossa casa, no sul da Califórnia. Eu estava viajando na época, mas voltei a tempo de ir com ela assinar a papelada e pegar o carro. Muito apressado, o vendedor nos mostrou como o carro funcionava – e até hoje não sabemos ao certo para que servem determinados botões. No entanto, ele fez questão de sacar um formulário de pesquisa de satisfação do cliente e nos avisar que precisava obter a pontuação máxima. Nunca recebemos um único telefonema como forma de dar continuidade àquela venda, nenhum bilhete de agradecimento nem qualquer mala direta do profissional ou da concessionária Mercedes onde ela fez a compra. Amadores como esse são o motivo pelo qual digo aos participantes dos meus seminários: sua maior oportunidade no ramo de vendas é o imenso número de vendedores medianos e abaixo da média que não valorizam a nossa ilustre profissão como a grande mina de ouro que é. O fato de saberem que a porcentagem de incompetentes é tão imensa deveria fazer com que os vendedores profissionais se levantassem da cama todo dia de manhã e se dirigissem ao trabalho saltitantes de felicidade.

4. Envie malas diretas que mereçam ser lidas. O contato *pós*-venda é o que estabelece um relacionamento forte com o cliente e ajuda a garantir novos negócios para a mesma pessoa e indicações. Mas não adianta muito enviar cartas e e-mails se eles não forem lidos.

Engane a sua lista. "Envio 12 correspondências por ano para minha lista de clientes e cada mala direta tem um tamanho e uma cor de envelope diferentes. Nunca coloco o nome da minha empresa no envelope. Em janeiro, você receberá uma mensagem que dirá: "Feliz Ano-Novo! Você é 10!" Haverá também uma bela ilustração, apropriada à época do ano, com a assinatura: 'Joe Girard, Merollis Chevrolet. Não estou vendendo nada.'" Joe Girard (idem)

Quando foi a última vez que você recebeu uma carta de agradecimento da pessoa que lhe vendeu um móvel, um computador, uma joia, um anúncio para o seu negócio ou a sua casa?

5. Construa uma rede de compradores em potencial. Não espere até ter um mês ruim para levar a sério a ideia de procurar novos clientes. Torne isso uma disciplina regular. Lembre-se de que você está construindo o seu futuro e escolhendo com quais grupos prefere trabalhar: amigos, clientes repetidos e indicados.

Três estratégias para construir uma rede de compradores em potencial:

- **Peça indicações de todos os seus compradores.** Transforme isso numa rotina diária. Deixar de pedir não indica apenas esquecimento – é sinal de negligência. Você deve solicitar indicações assim que fizer a venda. É bem provável que o cliente jamais se sinta tão satisfeito com você quanto nesse momento, então aproveite.
- **Mantenha contato contínuo com seus compradores.** Nunca deixe de valorizar essas pessoas. Além de ser uma completa idiotice, isso é suicídio profissional. Dependendo do tamanho da sua base de clientes, esta deve receber notícias suas pelo menos duas ou três vezes ao ano, como forma de dar continuidade à venda, e receber um informativo mensal ou trimestral feito por você ou pela sua empresa. Ele deve ser simples e conciso e pode incluir qualquer item, da citação do mês e sua receita favorita às vendas especiais que a empresa está oferecendo, dicas de manutenção do produto que compraram com você, entre outros. Seria interessante se pudesse enviar o informativo por e-mail e economizar os custos de impressão e correio. Mesmo que poucos leiam o conteúdo do seu material, você fará uma impressão consistente de marketing e eles pensarão em você primeiro da próxima vez que quiserem fazer uma compra ou uma indicação para um amigo. Você também se destacará como um profissional de verdade numa área repleta de pseudovendedores.

  Seu corretor, vendedor de móveis, de carros, gerente do banco, o fornecedor de sua empresa ou o seu joalheiro lhe envia esse tipo de correspondência com regularidade? Em caso afirmativo, aposto que você se lembra dos nomes de todos e que provavelmente entraria em contato com eles da próxima vez que precisasse dos serviços que proporcionam. Lembre-se disto: ninguém vai se dar ao trabalho de se lembrar de você e você jamais construirá uma base de clientes repetidos e indicados sem esforço. É preciso desenvolver isso ao longo dos anos. A recompensa vale a pena: quanto mais tempo você passar no ramo e quanto mais "velhos amigos" tiver, menos CDPs terá que encarar.

Deixe-me contar duas experiências de compra que minha esposa e eu tivemos recentemente. No primeiro caso, um corretor de imóveis nos vendeu uma casa de praia que custou os olhos da cara. Ele passou três horas conosco, nos mostrou quatro propriedades e compramos uma delas. Fomos da propriedade para o escritório dele para fazer a oferta e o negócio foi fechado.

No segundo caso, tivemos um jantar muito agradável num restaurante de uma cidade onde eu estava dando uma palestra. Passamos cerca de duas horas no restaurante e gastamos menos de 200 dólares.

Um desses estabelecimentos nos enviou uma carta simpática após a venda. A outra empresa não nos contatou desde que estivemos lá. Você é capaz de adivinhar quem deu continuidade? O corretor de imóveis que fez a transação milionária ou o garçom da conta de 200 dólares? Adivinhou: enquanto não recebemos nem um bilhetinho de agradecimento do corretor que fez uma venda de sete dígitos, recebemos um postal com um agradecimento único do restaurante Emeril Lagasse's Tchoup Chop, de Orlando, com uma mensagem escrita à mão pelas duas pessoas que nos atenderam aquela noite.

Você pode calcular quantos negócios com clientes repetidos ou indicados o corretor de imóveis está perdendo ao não criar um fã-clube de compradores fiéis? Tem alguma ideia de quanto isso está custando a *você* por não fazer o mesmo?

Nunca entendi vendedores que tratam o processo de dar continuidade a uma compra como se fosse um castigo. Eles nunca dão um telefonema nem enviam um cartão ou informativo a não ser que o gerente os obrigue. Se for esse o seu caso, recomendo que vá para casa esta noite e peça perdão à sua família por não ser o grande provedor que poderia ser. Aproveite para se desculpar, também, por passar mais tempo no trabalho e menos tempo com eles porque precisa ficar correndo atrás de mais clientes para compensar a perda daqueles que você negligenciou.

- **Busque novos compradores nos estabelecimentos em que você é o cliente.** Assuma a responsabilidade pela construção de sua própria rede de contatos em vez de reclamar que não há movimento na sua loja. Há vendedores demais se recostando na cadeira e se lamentando porque a semana está fraca e todo mundo que aparece é um CDP. Mas quantos compradores em potencial você consegue por conta própria? Quantos atrai para o seu negócio numa semana normal? Se não consegue responder a essas perguntas de maneira convincente, está na hora de parar de culpar os outros, ir à luta e suar a camisa para criar um fã-clube de clientes fiéis. Você não é uma vítima. Veja, não estou dizendo para folhear o catálogo de telefones e sair dando telefonemas a esmo. O que estou sugerindo é ser mais ativo, permitir que as pessoas saibam quem você é, o que faz e onde trabalha, a começar pelos mesmos lugares onde você compra. Se fizer isso, descobrirá facilmente novos compradores para o seu produto ou serviço.

Você só alcançará a excelência se construir uma rede de negócios futuros. Faça uma venda hoje pensando ao mesmo tempo em plantar as sementes do amanhã. Se quiser garantir um rendimento alto, precisa se disciplinar para fazer essas duas coisas.

Resumo

1. Tenha como meta ser menos dependente de clientes novos construindo uma base sólida de clientes repetidos e indicados.
2. Não se junte à panelinha dos vendedores. Mantenha-se concentrado nas atividades produtivas necessárias para conquistar o seu próprio fã-clube.
3. Compreenda a lei Girard dos 250. Você não pode irritar seus clientes e esperar que eles o indiquem para seus amigos. Uma boa reputação se espalha rapidamente, mas a má reputação viaja à velocidade da luz.
4. Trate seus clientes melhor do que qualquer outro vendedor. Pense, aja e trabalhe mais rápido do que a concorrência para que seus compradores nem cogitem lidar com outra pessoa.
5. Envie correspondências que tenham grandes chances de serem lidas. Malas diretas são uma forma de fazer marketing, mas como há muita concorrência pelo tempo das pessoas nos dias de hoje, você precisa ser único e fazer a sua correspondência se destacar. O que é dito na sua carta é menos importante do que o seu cliente ver o seu nome no envelope regularmente.

6. Construa uma rede de futuros clientes. O único caminho para precisar vender menos para pessoas difíceis é construir o seu futuro de maneira proativa, conquistando novos compradores e assim dependendo menos da sorte para ter movimento na loja.

CAPÍTULO 8

Crie urgência para comprarem na hora

Muitos vendedores relutam em criar urgência para que um cliente compre na hora porque receiam que ele se sinta pressionado. Outros tentam criar urgência da maneira errada e deixam compradores estressados e indispostos, transformando-os em CDPs. Se você acha que consegue fazer uma venda na hora, provavelmente está certo. Se acha que não consegue, provavelmente também está certo, pois tudo começa pelo estado de espírito. É mais fácil você ter o estado de espírito adequado se possuir as habilidades certas e a crença de que o cliente quer no fundo acabar logo com aquilo. Ele tem mil coisas para fazer e não tem tempo a perder com uma compra, independentemente do que lhe disser.

Pare de inventar motivos para achar que o cliente não pode ou não vai comprar logo e comece a plantar as sementes para que ele feche o negócio mais rapidamente. Aprenda que a diferença entre a pressão e a persistência é técnica. Prepare-se para vender com mais urgência adotando as estratégias que se seguem.

Seis passos que criam urgência para comprarem na hora:

1. Você precisa acreditar que o cliente comprará na hora. Retomando o que eu disse na introdução deste capítulo, se você acha ou não que o cliente vai comprar na mesma hora, a sua expectativa transparece em suas palavras, seus atos, seu ritmo e sua postura durante os processos de apresentação e negociação.

Três fatos rápidos sobre estimular ou anular a urgência para comprarem na hora:

- **Muitos vendedores convencem as pessoas a não fazerem algo *de imediato*.** Como muitos deles têm um enorme medo de rejeição, eles tiram a pressão de cima de si e do comprador em potencial dizendo ou fazendo coisas que estimulem o cliente a protelar qualquer ação e esperar por um "momento melhor". Com isso, o profissional não se sente rejeitado, mas fica sem a venda, e o comprador, sem o produto.
- **Hoje os compradores pesquisam mais antes de comprar um produto.** Isso significa que estão mais preparados para comprar quando conversam com você. Como há mais informações disponíveis aos consumidores pela internet e por outras fontes, eles estão mais instruídos e dispostos a comprar logo do que no passado. As informações disponíveis a eles são uma das razões para se apressarem e não precisarem adiar o processo de compra.
- **Apesar dos fatos apresentados no fato B, os compradores ainda usarão a frase "estou só olhando" como forma de diminuir o ímpeto de um vendedor.** Não caia nessa. Trata-se de um mecanismo natural de defesa. Lembre-se de que, toda vez que você se encontrar diante de um cliente, alguém será persuadido. Ou você consegue convencê-lo de que faz sentido ir em frente com a compra *na hora* ou ele o convencerá do fato de que ainda está olhando.

2. Elimine, já, o medo da compra. Um dos motivos pelos quais as pessoas procuram atrasar uma compra é terem medo de cometer um erro. Sabendo disso de antemão, use frases e técnicas que eliminem esse medo.

Frases que, se usadas no momento apropriado, eliminarão o temor de comprar na hora:

"Sr. Cliente, parte do meu trabalho é fazer com que isto faça sentido para o senhor. Existe alguma questão que posso esclarecer melhor antes de irmos em frente?"

"Sr. Cliente, parte do meu trabalho é ajudá-lo a tomar a melhor decisão possível e impedi-lo de cometer algum erro. O senhor tem alguma preocupação que deseja mencionar agora, antes de irmos em frente?"

Essas perguntas ajudam a trazer à tona quaisquer dúvidas, objeções ou obstáculos que poderão surgir e sabotar o seu empenho para fechar o negócio. Encare-os de frente em vez de desejar que não existam e você permanecerá no caminho certo para fazer a venda na hora em vez de permitir que a inquietação aumente e se transforme num motivo para atrasar a decisão.

3. Plante as sementes da urgência para a compra imediata. Não espere chegar no momento de tentar fechar o negócio para criar urgência. A essa altura, você poderá soar desesperado e falso. Plante as sementes da urgência no início do processo de vendas e reforce-as no decurso dele para construir credibilidade com relação à necessidade de comprar *imediatamente.*

4. Use histórias de "situações parecidas" para mostrar como outras pessoas se beneficiaram ao agirem *na hora.*

Histórias sobre situações similares são ferramentas de vendas poderosas que criam imagens mentais e ajudam você a estimular, ao mesmo tempo, o desejo do ganho e o medo da perda.

5. Faça o cliente refletir sobre o custo de não fazer nada. Para criar a urgência da compra imediata, o comprador em potencial precisa entender que o custo de ir em frente será menor que o custo de não fazer nada ou de protelar a compra. Convença-o com os seguintes argumentos:

- Os preços sobem.
- O valor daquilo que ele dará de entrada cai.
- Descontos especiais expiram.
- Taxas de juros aumentam.
- Taxas de juros caem (se você estiver vendendo produtos financeiros).
- O produto que ele deseja pode não estar mais disponível.
- Ele interrompe o ritmo de sua atividade comercial ou perde clientes.
- O moral da equipe diminui em razão do item anterior.
- Perde bons funcionários pelo mesmo motivo.
- Os melhores dias e horários se esgotam primeiro.
- Fica mais vulnerável a colapsos financeiros (no caso de quem vende seguros).

Não jogue todos esses pontos em cima do cliente bem no momento em que ele estiver se preparando para ir embora como último recurso para fechar o negócio. Mencione-os aos poucos (plante as sementes) nos momentos mais propícios da conversa e você vai aproximar o cliente da venda e tornar mais lógico que ele compre já.

6. Use o fechamento "mas é exatamente por isso que você deveria comprar agora" quando um comprador em potencial tentar adiar sua decisão. Apresentei essa técnica no Capítulo 4, mas ela também é apropriada nos casos em que você está criando urgência. O seguinte roteiro usa psicologia reversa, pois pega a maior objeção de um cliente e a transforma num motivo para fazer a compra neste instante – mesmo que não seja o negócio que ele estava desejando fechar. Leia este exemplo e veja se consegue adaptá-lo ao que você vende.

> CLIENTE: Os juros do financiamento são altos demais, o preço é alto demais, eu não estou conseguindo um preço muito bom pelo meu carro usado, etc.
> VENDEDOR: Sr. Cliente, se o preço está lhe parecendo alto agora, este é exatamente o motivo pelo qual o senhor deveria levá-lo. Com o tempo, os preços só tendem a subir e o valor dos usados a cair, e como as taxas de juros estão subindo, quanto mais esperar, pior as coisas vão ficar. Sei que, talvez, isso não seja o que o senhor esperava, mas é um negócio muito melhor do que vai conseguir se esperar e voltar mais tarde – em especial se o desconto expirar ou o carro que o senhor está dando de entrada estiver com uma quilometragem ainda mais alta. Parte da minha função é fazer com que tudo isso faça sentido e impedir que o senhor cometa um erro. Então, por que não fechamos logo o negócio, enquanto o senhor pode garantir este preço pelo carro novo e tirar maior proveito do valor do seu usado?

Como persuadir CDPs que não querem ser persuadidos a comprar na hora

Persuadir um cliente difícil que não quer ser persuadido a comprar na hora não quer dizer lutar corpo a corpo com ele e prendê-lo ao chão até que grite "Eu levo!". Significa empregar técnicas que criem as condições adequadas para que a compra seja feita logo e permitir que a mente do cliente faça o resto. Ainda usando a venda de carros como exemplo, examine estas técnicas e aplique os princípios ao seu caso.

Cinco regras para persuadir CDPs:

1. Ao investigar as motivações do cliente para a compra, faça uma pergunta que especifique ainda mais o que é importante para ele. A seguir, concentre-se nessa necessidade e explique como o seu produto a satisfaz.

VENDEDOR: Sr. Cliente, o que é mais importante para o senhor num carro?
CLIENTE: Manutenção barata.
VENDEDOR: E que condições um carro precisa ter para se enquadrar nessa necessidade?
CLIENTE: Não exigir rios de dinheiro com a manutenção e rodar um mês gastando menos de 200 reais em combustível.

Desse ponto em diante, você pode provar como a garantia do veículo e a economia de combustível eliminará gastos desnecessários. Ao se concentrar em determinado atributo e atender uma necessidade que o próprio cliente expressou, você elimina possíveis objeções e dá razões para que a compra seja realizada de imediato, uma vez que o que mais importa para o comprador está sendo cumprido pelo seu produto ou serviço.

2. Faça perguntas de fechamento quando estiver sintonizado com o cliente. Determinar o momento certo para se fazer uma pergunta de fechamento é crucial. Entrar em sintonia com um comprador não é algo que costuma acontecer por acidente, e sim por meio de uma técnica deliberada. Vamos pegar as técnicas usadas para a construção de um relacionamento, discutidas no Capítulo 3, e levá-las a um patamar ainda mais alto nos pontos a seguir:

Quatro dicas para estabelecer um relacionamento com um comprador em potencial:

- **Não invada o espaço pessoal de um cliente.** Esse espaço é definido por psicólogos de vendas como uma bolha de 45cm que envolve todo o corpo do cliente. Ao mesmo tempo, ao deixar um espaço muito superior a esse entre você e o comprador, há o risco de perder a concentração ou a atenção dele.

  Enquanto eu fazia compras com a minha esposa numa sofisticada loja masculina em busca de sapatos, um vendedor bem vestido, chamado Bob, chegou muito perto do nosso rosto e perguntou se eu gostaria de experimentar determinado par. Em pouco tempo esse indivíduo conseguiu três pontos contra ele mesmo: invadiu nosso espaço pessoal, tinha mau hálito e o odor que emanava de suas axilas indicava que não tomava banho havia muito tempo. Por ter invadido o nosso espaço pessoal as demais ofensas ficaram perceptíveis muito mais depressa. Desnecessário dizer que Bob não me vendeu sapato algum naquele dia.
- **Controle o ritmo, o tom e o humor do seu cliente (a não ser que este seja decididamente desagradável ou negativo).** Como as pessoas tendem a falar

num ritmo consistente com a velocidade do seu raciocínio, você corre o risco de perdê-las ou de sair de sintonia quando o seu ritmo não corresponde ao delas. Eis uma dica: é apropriado e desejável aumentar um pouco o ritmo ao passar para a apresentação do produto de maneira a criar uma injeção emocional de adrenalina. No entanto, na hora de fechar o negócio, é importante que a sua abordagem seja tranquila, sincera e normal em vez de dramática.

- **Juntem-se em torno de uma causa comum, contra um inimigo comum.** Nada liga duas pessoas, grupos ou países como uma causa ou um inimigo comum. Investigue as causas favoritas ou os inimigos do seu cliente e alinhe-se com esse ponto de vista. Por meio das perguntas que você faz e da conversa que conduz para construir o relacionamento, poderá descobrir que o seu comprador adora trabalhar com crianças carentes, organiza campeonatos de futebol na empresa ou é apaixonado por questões ambientais. Ele também poderá confessar uma raiva especial pelos altos preços da gasolina, por comerciais barulhentos e artificiais, gangues e drogas, pela Receita Federal, etc. Conforme a sua consciência permitir, tome o partido do comprador nessas questões e você chegará mais próximo da venda, além de ganhar um amigo para toda a vida.
- **Preste bastante atenção em cada palavra que ele pronunciar.** Mostre-se fascinado por cada ideia que sair da boca do cliente. Deixe claro que o que ele tem a dizer é a coisa mais importante do mundo. Quando você demonstra esse grau de respeito pelo negócio e pelas necessidades dele, não precisa de um arsenal de táticas de fechamento: ele insistirá que você faça a venda imediatamente.

Prestar atenção em cada palavra dita é uma ferramenta poderosa para motivar um cliente que não está com a menor pressa de fazer uma compra ou fazer aqueles que parecem indiferentes ou passíveis de sair para visitar a concorrência darem alguns passos em direção à venda. Eles não vão correr o risco de lidar com um vendedor grosseiro, apático ou pouco profissional em outro estabelecimento.

3. Comece a sua apresentação com uma palavra, frase, fato ou estatística capaz de causar grande impressão. Não se limite a dizer: "A *Revista do Consumidor* classifica este carro como o melhor de sua classe." Faça o seu dever de casa e descubra quantos carros fazem parte daquela classe específica e torne a sua frase mais ousada: "A *Revista do Consumidor* classifica este carro em primeiro lugar entre 10 fabricantes de todo o mundo e 22 modelos diferentes." Em vez de dizer que a sua rádio ocupa o primeiro lugar do Ibope num horário em particular, diga que ela é a número um entre 6, 7, 8 ou mais concorrentes. Vá mais além ainda dizendo que a sua instituição financeira paga os juros mais altos do estado. Quantas instituições financeiras há no estado? Descubra e diga: "Temos o fundo com o rendimento mais alto entre todas as outras 4.200 instituições financeiras do estado." Esses argumentos atraentes e específicos elaborados para que alguém compre com você criarão urgência e colocarão até mesmo o mais desagradável e prepotente dos clientes ao seu lado.

Não exagere nem faça afirmações que não possa sustentar. Passe uma hora, mais ou menos, usando uma boa ferramenta de busca da internet e conseguirá descobrir fatos e números sobre o seu mercado e sobre a concorrência que, há alguns anos, você levaria dias ou mesmo semanas para conseguir. Essas estatísticas vão torná-lo mais persuasivo e profissional.

4. Use o "fator medo zero" para intrigar as pessoas e motivá-las a ir em frente com a compra. O objetivo dessa técnica é fazer as pessoas perderem o medo de tomar uma decisão. É vital ser discreto e espontâneo ao usar os argumentos a seguir para não soar arrogante e agressivo. Funciona muito bem para empurrar clientes indecisos para mais perto de um relacionamento com a sua empresa.

Exemplos de como usar o "fator medo zero" com sucesso:

"Sr. Cliente, uma das suas decisões mais importantes vai ser deixar a sua zona de conforto e se destacar da maioria com esta compra. Se o senhor se sentir pronto para enfrentar esse desafio, é só falar que eu mando preparar a papelada."

"Sr. Cliente, dar um passo adiante e adquirir algo com que o senhor sempre sonhou pode ser muito excitante e ao mesmo tempo um pouco assustador, mas se estiver pronto para deixar o passado para trás é só me dizer qual a forma de pagamento."

"Sr. Cliente, para criar uma mensagem que não é apenas diferente, mas melhor, é preciso ter coragem. Se o senhor acha que a sua empresa está pronta para mexer no status quo e fazer o que as outras têm medo de fazer, nós nos empenharemos ao máximo na sua campanha. A decisão cabe ao senhor. O que eu faço agora?"

Usar o "fator medo zero" com as pessoas que se dizem satisfeitas com o que já têm ou que costumam buscar um motivo para adiar uma compra cria condições emocionais positivas e desafiadoras para que elas entrem num território novo com grande entusiasmo.

5. Argumente consigo mesmo. Todo bom palestrante, político, advogado e vendedor aprende, desde cedo, o valor de eliminar o conflito do argumento do oponente roubando a energia dele ao argumentar contra si mesmo. Essa técnica pode fazê-lo parecer mais objetivo, deixando as pessoas abertas ao que você tem a dizer e inclinadas a fechar negócio.

Exemplos de como argumentar contra você mesmo:

"Sr. Cliente, se quiser economizar mais dinheiro do que estamos oferecendo atualmente, pode esperar para ver se as taxas de juros ou de seguros voltam a cair. Se dermos sorte, ainda teremos o modelo que o senhor deseja."

"Se não se importar em ter estranhos indo à sua casa e dirigindo o seu carro, o senhor pode tentar vender o seu usado por conta própria. É claro que eu recomendaria que ligasse e verificasse o seguro de cada um e pedisse para ver a carteira de motorista para não correr o risco de causarem algum acidente enquanto estiverem dirigindo o seu carro."

"Sr. Cliente, há sempre a opção de não fazer nenhum investimento em propaganda e esperar que os seus negócios comecem a prosperar e que algo comece a fazer mais compradores em potencial visitarem suas lojas."

"Sr. e Sra. Clientes, embora tenha havido 26 aumentos nas taxas nos últimos anos, vocês sempre podem rezar e esperar que as taxas hipotecárias caiam logo."

"Sr. Cliente, o senhor pode pensar positivo e torcer para nunca sofrer um acidente nem ficar doente e todos os seus filhos ganharem bolsa integral da faculdade."

Dito no tom certo, no momento certo e sob as circunstâncias certas, esse tipo de psicologia reversa fechará a sua venda com facilidade. Tente prever situações em potencial e criar roteiros com antecedência que poderão ser usados nas situações apropriadas.

Resumo

1. Você precisa acreditar que o cliente comprará na hora. Vender com urgência começa na mente do vendedor. Espere que eles comprem no mesmo instante e faça com que essa seja a decisão mais lógica.
2. Tire o medo da compra com frases cuidadosamente construídas como "Parte do meu trabalho é impedir que o senhor cometa um erro", "O meu trabalho é fazer com que isto faça sentido para o senhor" e assim por diante.
3. Use histórias de situações similares para mostrar como outras pessoas se beneficiaram agindo *na hora*. Você também pode relatar exemplos dos reveses sofridos por alguns indivíduos que não se mexeram com rapidez suficiente.
4. Faça o seu cliente entender quanto custará não tomar uma decisão. É comum que um comprador em potencial fique imobilizado pensando no custo de seguir em frente. Você precisa impedi-lo de cometer um erro mostrando-lhe tudo o que ele perderá se decidir não fazer nada.
5. Use o fechamento do "pois é exatamente por isso que o senhor deve fechar negócio agora". Aplique a psicologia reversa investigando a principal objeção de um cliente para a transação e usando-a como um dos principais motivos pelos quais ele deve comprar hoje mesmo.
6. Convença pessoas que não querem ser persuadidas investigando e determinando com muita exatidão os seus maiores desejos ou necessidades e mostrando-lhes

como o seu produto/serviço as satisfaz. Lembre-se de que isso eliminará possíveis objeções mais tarde.

7. Só faça perguntas de fechamento quando estiver em sintonia com o comprador em potencial.
8. Comece a sua apresentação com uma palavra, frase, fato ou estatística que deixe seus clientes impressionados.
9. Use o "fator medo zero" para transformar o temor que os clientes sentem em seguir adiante num passo positivo na direção certa.
10. Use a psicologia reversa argumentando consigo mesmo e deixando ainda mais óbvio o motivo pelo qual o seu cliente deve fazer a compra, sem que você precise exercer pressão alguma.

CAPÍTULO 9

Aprenda a ler a mente de um cliente difícil

Ler mentes não tem nada a ver com poderes extrassensoriais e tudo a ver com escutar, com toda atenção, o que o cliente *não* está dizendo, aprender tudo o que puder sobre a natureza humana e se tornar um estudioso da linguagem corporal. O fato de tantos profissionais de vendas conseguirem se sustentar mesmo ignorando tais habilidades é uma prova clara de que a carreira continua tendo um alto potencial.

O pensamento que deveria manter um vendedor acordado à noite deveria ser: "Se estou indo bem sem ler a mente dos outros, quantas vendas a mais eu faria por mês se aprimorasse minhas habilidades nessa área?" E o que deveria fazer todo vendedor *pular* da cama toda manhã é a possibilidade de duplicar ou triplicar o rendimento se começasse a ler mentes a partir de agora!

Para ler a mente de um CDP, você precisa se concentrar mais no cliente e prestar mais atenção em cada movimento que ele faz ou deixa de fazer. Siga as estratégias deste capítulo e você logo estará a caminho de fazer vendas mais rápidas e lucrativas – até mesmo para os clientes mais difíceis.

1. Aprenda a escutar "nas entrelinhas". Embora você preste atenção a cada palavrinha dita pelos seus clientes, precisa levar as suas habilidades de ouvinte um passo adiante e prestar muita atenção ao que *não* está sendo dito. O que não está sendo dito com frequência revela muito mais do que o que está. Aprenda a escutar "nas entrelinhas" para descobrir as motivações, os medos e as verdadeiras intenções de um comprador. Eis quatro exemplos que ajudarão você a desvendar a mente do cliente e chegar mais perto da venda.

- **Se um cliente não mencionar que está pesquisando outros produtos e serviços para comparar ao seu, é quase certo que esteja.** Não tenha medo de perguntar ao seu comprador em potencial: "Que outros produtos/serviços o senhor olhou para comparar com o que temos a oferecer?" Descubra essa informação o quanto antes e você terá uma chance de comparar o seu produto ao outro na sua apresentação e impedir que ela surja, mais tarde, como desculpa ou motivo para o cliente ir embora e "pensar a respeito".
- **Se clientes não mencionam que precisam conversar com outra pessoa antes de decidir, é quase certo que precisem.** Vá um pouquinho mais fundo com esta pergunta: "Há alguém para ajudá-lo a tomar a decisão ou ela será inteiramente sua?" Assim como no exemplo anterior, ao chegar a essa questão por iniciativa própria, você poderá ajustar a sua apresentação a tempo de resolver a situação, evitando que ela seja apresentada pelo cliente ao final como motivo para desistir.
- **Se você vende artigos de valor alto que costumam ser financiados e o cliente não mencionar financiamento nem como pretende pagar pelo produto/serviço, pergunte:** "O senhor já verificou as possibilidades de financiamento por conta própria ou gostaria que lhe ajudássemos com isso?" Essa pergunta

costuma extrair uma ampla gama de informações do comprador, que vão da confissão de "problemas com crédito" e da quantia disponível para uma entrada, até a intenção de fazer o pagamento à vista ou de pegar um financiamento a uma taxa de juros específica.

- **Se um cliente não disser nada de depreciativo sobre o seu produto/serviço durante a apresentação, mas também não disser nada de especialmente positivo, é uma indicação de que você está apresentando o produto/serviço errado para ele.** Nesse momento, pergunte: "Este produto é mais ou menos o que o senhor tinha em mente quando veio aqui hoje ou falta alguma coisa fundamental?" A não ser que você pergunte diretamente, muitos compradores em potencial se sentirão pouco inclinados a acabar com o seu entusiasmo e interromper a sua apresentação lhe dizendo que não gostam do que está mostrando.

2. Compreenda cinco fatos comuns sobre a natureza humana. Um dos segredos para ler a mente de um comprador é compreender certos elementos essenciais da natureza humana. Essa consciência proporciona a você a inteligência necessária para se sintonizar com o cliente e fazer com que o que você diz mexa com as esperanças, os medos, os desejos e as necessidades dele. Eis cinco fatos essenciais sobre a natureza humana que vão ajudá-lo a entrar na cabeça das pessoas.

- **Quase todo mundo tem medo de ser considerado feio.** A exceção parece ser alguns adolescentes esquisitos que você vê no shopping. Mas é bem provável que aquele seja o padrão de beleza deles.
- **Todo mundo faz de tudo para evitar a dor e, quando ela é inevitável, faz qualquer coisa para que cesse.**

E é exatamente por isso que fazer os clientes difíceis se concentrarem no custo de não fazer nada – e assim permanecer em estado de dor – é uma ferramenta poderosa para dominar os temores sobre os custos de seguir em frente.

- **Quando as pessoas enfiam uma coisa na cabeça, querem essa coisa na mesma hora!** Esse fato funciona a seu favor, já que hoje a maioria dos clientes faz mais pesquisa antes de comprar e está mais preparada para tomar uma decisão e levá-la a cabo *logo*, independentemente do que disserem sobre terem que "pensar um pouco" ou sobre visitarem outros estabelecimentos. A maioria dos compradores em potencial não precisa "pensar um pouco" porque já pensou muito antes mesmo de pôr os olhos em você.

  Sabendo disso, da próxima vez que alguém lhe disser que começou a procurar nesse momento e que não tem a menor intenção de comprar na hora, não fique na defensiva nem de má vontade. Em vez disso, olhe-o nos olhos e diga:

  "Sr. Cliente, concordo. Também não gosto de comprar nada da primeira vez que vejo ou na primeira loja que entro, mas quando encontro algo de que gosto muito, que sei que vai resolver o meu problema e que tem um preço bom, penso seriamente em abrir uma exceção. Agora deixe eu mostrar ao senhor e à sua esposa o que o nosso produto pode fazer por vocês."

  De forma simpática, isso comunica ao CDP que você compreende os seus sentimentos, mas que não vai, necessariamente, *aceitar* a desculpa dele, pois sempre se pode abrir uma *exceção*.

- **As pessoas querem tomar decisões que vão deixá-las bem perante os outros.** "Tomar uma decisão" tem uma conotação negativa para algumas pessoas, mas como você sabe que as pessoas querem, sim, tomar decisões que as deixem bem perante os outros, dê uma conotação positiva à tomada de decisão com a seguinte tática:

"Sr. Cliente, o senhor concorda que todo passo adiante ou todo progresso começa com uma decisão? Na verdade, é possível dizer que a posição em que o senhor se encontra na vida, neste momento, é resultado de decisões tomadas no passado? Sendo assim, o senhor estaria disposto a tomar uma decisão difícil agora que poderia, imediatamente, melhorar o seu futuro?"

- **A maioria das pessoas não tem uma autoestima elevada.** É por isso que prestar mais atenção ao que os compradores têm a dizer e escutar cada palavrinha que dizem deixa você muito bem na foto.

Conhecer esses cinco pontos essenciais sobre a natureza humana ajudará você a estruturar a sua apresentação de maneira a empurrar clientes fácil e rapidamente na direção daquilo que você vende. Ignore-os e você continuará a desperdiçar seu valioso tempo andando em círculos, acreditando em cada palavra que um CDP lhe diz e perdendo muito dinheiro.

3. Transforme-se num estudioso da linguagem corporal. Embora sempre haja exceções para as dicas a seguir, relacionadas ao comportamento humano, os sinais apresentados dão uma percepção clara do que uma pessoa realmente está pensando ou sentindo. Existem códigos usados inconscientemente para pedir que você fale mais devagar, vá mais rápido, faça uma pergunta para o fechamento ou mude de assunto. Os sinais estão sempre presentes. O segredo é prestar atenção suficiente e ser instruído o bastante na leitura da linguagem corporal para percebê-los e se beneficiar disso. O que um cliente não lhe diz com palavras lhe diz com todas as partes do corpo que estiverem à mostra.

- Possíveis sinais de desonestidade:
  (1) Não olhar nos olhos ou não parar de olhar em volta.
  (2) Lamber demais os lábios.
  (3) Familiaridade pouco apropriada, tal como dar tapinhas nas costas, tocar a pessoa, aproximar-se muito do outro (invadir o espaço pessoal).
  (4) Qualquer gesto que oculte o rosto, os olhos ou a boca, tal como cobrir a boca com a mão enquanto fala, coçar o nariz ou piscar demais.
  (5) Uma versão exagerada da expressão de interesse.
  (6) Mudar bruscamente de tom.
  (7) Qualquer tipo de exagero.
  (8) Falar depressa demais.
  (9) Um sorriso que vai e volta com excessiva rapidez costuma ser um sorriso pouco sincero. Sorrisos legítimos surgem lentamente e se desfazem com igual lentidão.
  (10) Emoções falsas. Se um CDP esmurrar a mesa depois de gritar, está fingindo. A maior parte das emoções explode antes de encontrarmos uma forma de expressá-las verbalmente, não depois.

Os sinais de sinceridade são exatamente opostos. Pessoas sinceras costumam ser relaxadas e calmas, e olham nos seus olhos. Para tirar ainda mais proveito desta seção, você poderá revisar a lista de sinais e determinar quantos deles você esboça e quais destes um comprador mais astuto seria capaz de pescar. Se você tem uma tendência ao exagero e a lançar frases de efeito enquanto dá tapinhas muito pouco apropriados nas costas do cliente ou fala rápido feito uma metralhadora enquanto lambe os lábios como um camelo olhando um oásis tem mesmo sérias questões para resolver.

- Possíveis sinais de tédio:
  (1) Olhar fixamente para um ponto distante.
  (2) Ficar olhando para o relógio ou outros objetos. Qualquer palestrante aprende a ler uma multidão que se porta assim logo de início e seria bom que você fizesse o mesmo.
  (3) Suspiros profundos.
  (4) Bocejos.
  (5) Cruzar e descruzar pernas e braços.
  (6) Bater os pés.
  (7) Inclinar o corpo para longe da outra pessoa.
  (8) Deslocar o peso do corpo, de uma perna para a outra, sem parar.

Se você nota que os seus compradores em potencial exibem vários desses sinais, com muita frequência, acho que você não tem se saído muito bem como vendedor.

- Possíveis sinais de raiva/hostilidade:
  (1) Mãos na cintura.
  (2) Repetição frequente de determinadas frases.
  (3) Punhos cerrados.
  (4) Rosto ruborizado.
  (5) Braços cruzados com firmeza na frente do peito.
  (6) Maxilar cerrado.
  (7) Postura rígida.
  (8) Expressão ou olhar fixo.

Se você anda colocando o seu cliente em estados parecidos com esses com frequência, *por favor*, volte ao começo e releia este livro. Você perdeu alguns pontos-chaves pelo caminho.

- Possíveis sinais de indecisão:
  (1) Remexer-se na cadeira.
  (2) Ficar com o olhar indo e vindo entre dois objetos fixos.
  (3) Inclinar a cabeça de um lado para o outro.
  (4) Abrir e fechar as mãos ou mover uma das mãos e, depois, a outra.
  (5) Abrir e fechar a boca sem dizer nada.

Recomendo que você passe algum tempo revisando os sinais dessas quatro categorias e decidindo de antemão como reagirá e alterará seu discurso caso um cliente esteja lhe enviando algumas dessas poderosas mensagens. Por exemplo, se alguém estiver mostrando sinais de tédio, fale menos e faça mais perguntas, em especial as que possam ajudá-lo a saber se está no caminho certo. Se alguém estiver mostrando sinais de raiva, fale mais baixo e mais devagar e se certifique de que a sua linguagem corporal não esteja piorando a situação.

4. Faça perguntas inesperadas. Para investigar o que as pessoas estão pensando, é importante colocá-las em situações para as quais elas não tenham se preparado ou ensaiado mentalmente. Nesses casos, suas reações serão mais sinceras e vão ajudá-lo a ler o que está passando pela cabeça delas.

Exemplos de perguntas inesperadas que oferecem dicas para fechar negócio com um cliente:

- **Se o senhor comprasse uma picape hoje, quem seria a primeira pessoa para quem mostraria? Qual seria o primeiro lugar para onde viajaria?** Além de ajudá-lo a se imaginar dono do produto, a resposta pode revelar as razões para a compra: orgulho/vontade de se mostrar, um motivo prático, uma necessidade próxima, etc.
- **O que impediu o senhor de anunciar com a nossa rádio/fazer negócio com o nosso banco/avaliar os nossos produtos de investimentos no passado?** Não tenha medo de fazer essa pergunta. Ela pode revelar medos, inquietações ou problemas arraigados que tendem a fazer um CDP persistir em não se tornar um cliente a não ser que você desvende essas questões e se refira a elas.

Pense em outras perguntas inesperadas que você poderá fazer durante o estágio de construção do relacionamento, da apresentação, quando estiver lidando com objeções ou fechando a venda. Seu objetivo é levantar questões que possam revelar pensamentos ocultos, motivos para a compra, reservas ou segundas intenções.

5. Preste mais atenção em *como* eles dizem algo do que nas palavras em si. O tom, a inflexão, a cadência e o ritmo da fala de uma pessoa podem revelar muito mais sobre o que ela está pensando do que as palavras usadas. Se alguém já lhe disse, sem a menor sinceridade, que lamentava muito o que fez, você sabe do que estou falando. As palavras eram apropriadas, mas o tom pode ter traído raiva, sarcasmo ou falsidade. Tudo o que você tem a fazer é escutar com mais atenção como as frases estão sendo ditas: se com honestidade, sarcasmo, reserva ou convicção. Se alguém revelar uma emoção que indique um impedimento para fechar a venda, não finja que nada está acontecendo. Lide com o problema. Por exemplo, quando um CDP disser: "Eu não *tenho* que comprar coisa alguma hoje", você poderá responder:

"John, embora você tenha tempo de sobra para pesquisar muito antes de fazer uma compra, se um bom negócio se apresentasse, acredito que você poderia abrir uma exceção e dar um passo adiante logo. Não é este o caso?"

Espero que você se dê conta da enorme vantagem que as estratégias apresentadas neste capítulo podem lhe dar com relação aos vendedores amadores que falam muito, escutam pouco e nunca aprendem a ler a mente dos compradores. Use essa superioridade para ajudar o cliente a tomar a decisão correta e para tornar sua profissão bem mais rentável.

Resumo

1. Escute o que não está sendo dito. O "princípio do iceberg" nos diz que a parte que conseguimos enxergar (ou, neste caso, as palavras que o cliente está dizendo de fato) é uma pequena fração da estrutura real. A parte que consegue afundar um navio (ou lhe custar uma venda) está debaixo da superfície e permanece invisível.
2. Aprenda os cinco fatos essenciais da natureza humana: quase todo mundo tem medo de ser considerado feio; quase todo mundo faz de tudo para evitar a dor e quando ela for inevitável fará qualquer coisa para que ela cesse; quando as pessoas enfiam uma coisa na cabeça, querem essa coisa logo; as pessoas querem tomar decisões que vão deixá-las bem perante os ou-

tros; a maioria das pessoas não tem uma autoestima elevada.

3. Transforme-se num estudioso da linguagem corporal para captar os sinais de falta de sinceridade, tédio, raiva/hostilidade ou indecisão.
4. Faça perguntas inesperadas para o cliente a fim de conseguir uma resposta menos ensaiada e mais honesta.
5. Preste mais atenção em *como* algo está sendo dito em vez de nas palavras em si. O tom do cliente está traindo sarcasmo, desonestidade, falta de sinceridade ou entusiasmo?

CAPÍTULO 10

Prepare-se para abrir mão de uma venda

Por mais paradoxal que possa parecer, você fechará mais negócios se não estiver tão preocupado em sacramentá-los. É isso mesmo: quase sempre, quanto mais você quer uma venda, menor a sua chance de efetuá-la. Moral da história: quando você se preparar, mental e fisicamente, para abrir mão de uma venda, verá que não precisará fazê-lo com muita frequência. Como os vendedores não disciplinaram suas emoções nesse sentido, CDPs costumam manipulá-los com facilidade. E se ainda fecharem o negócio, normalmente será por uma comissão mínima.

Embora você não queira, nunca, perder um negócio, é importante entender que algumas vendas e alguns clientes trazem um valor negativo para você e sua empresa. O tempo investido neles não vale o lucro – ou a falta de lucro – resultante. A empolgação e a energia desperdiçadas em brigas com compradores em potencial fazem com que sobre pouco para investir em clientes normais que reconhecem valor e estão dispostos a pagar por ele. Mas nem tudo está perdido. Se você seguir as diretrizes deste livro saberá impedir que compradores fiquem malcriados – e, mesmo que fiquem, você saberá virar a mesa e fazer uma venda lucrativa. Nos parágrafos a seguir apresentarei dois "setes da sorte". Primeiro, sete frases e técnicas de fechamento poderosas. E, caso você perca a venda independentemente do seu empenho, apresentarei sete ações para salvá-la.

Não é uma questão de vida ou morte

Se você encarar cada negócio como um caso de vida ou morte, vai acabar morrendo um bocado. Faça tudo o que puder para vender para o cliente, mas lembre-se de que essa atividade continua sendo um jogo de números. Continue fazendo tudo certinho e os números trabalharão a seu favor. Lembre-se de que não dá para fazer um bom negócio com uma má pessoa. Alguns clientes não podem ser satisfeitos nunca. Não fique preso a essa minoria. Concentre-se nas técnicas a seguir, que vão garantir a você compradores dignos do seu tempo e dos seus serviços.

Sete frases e fechamentos poderosos para os clientes mais difíceis

Use os roteiros a seguir quando já não souber o que fazer e não houver mais nada a perder quando estiver tentando fechar negócio ou satisfazer um cliente. Diga estas palavras com sinceridade e gentileza:

1. **O fechamento do "especialista em negociações".**
"Sr. Cliente, eu realmente gostaria de poder fazer o que está me pedindo. Mas, do ponto de vista da empresa, existe uma diferença entre lhe dar um ótimo preço e ser passado para trás por um especialista em negociações. Francamente, não poderemos continuar no ramo e servir aos nossos clientes se deixarmos isso acontecer com muita frequência. Portanto, se o senhor concorda que o que temos a oferecer pode não ser o que desejava, mas, ainda assim, é mais do

que justo, vamos apertar as mãos e fechar negócio." (E então você fica calado e estende a mão.)

2. O fechamento da "preocupação muito maior".

"Sr. Cliente, compreendo que uma de suas preocupações com a compra deste carro novo seja o valor. Mas estou certo de que a sua preocupação maior é fazer uma escolha que servirá bem à sua família pelos próximos anos. O que representa o maior risco para o senhor: pagar um pouquinho mais do que esperava ou não levar o veículo que a sua família quer, precisa e merece?"

"Sr. Cliente, compreendo que uma de suas preocupações ao adquirir este seguro seja saber se vai poder pagá-lo. Mas estou certo de que sua maior preocupação é fazer uma escolha que protegerá o futuro da sua família no caso do seu falecimento. O que representa o maior risco para o senhor: pagar um pouquinho mais do que esperava ou não proteger a sua família com aquilo de que precisará para sobreviver e prosperar na sua ausência?"

3. O fechamento "este não é o meu melhor preço".

Eis a situação: você conseguiu chegar a um acordo, a duras penas, com um cliente difícil, mas antes de fechar negócio ele o coloca contra a parede, perguntando: "Você tem certeza de que este é o melhor preço que pode me fazer? Aponte esse lápis porque tenho certeza de que pode fazer melhor!"

Não fique na defensiva. Em vez disso, baixe a voz um pouco e responda, lenta e sinceramente:

"Não, Sr. Cliente, este não é o meu melhor preço." (Nesse momento é possível que os olhos do cliente saltem das órbitas e o queixo caia.) "Até posso lhe dar um preço mais baixo do que o que acabo de calcular, mas vai ter que sair do meu próprio bolso, e eu não posso trabalhar de graça da mesma forma que o senhor também não pode. Como este já é um preço muito justo, existe alguma outra coisa que possa nos impedir de ir em frente hoje?"

4. O fechamento do "volto já".

Eis a situação: seus clientes estão sentados no seu escritório depois de você ter feito uma apresentação e a sua pergunta de fechamento, à qual reagiram com um: "Precisamos pensar a respeito."

Sorria, levante-se e diga: "Muito bem, vou até o outro lado buscar uma xícara de café. Volto daqui a uns 15 ou 20 minutos para vocês poderem conversar. Querem que eu traga mais alguma coisa?"

5. O fechamento "empatia, sim; pena, não".

O cliente lhe conta a história mais triste que você já ouviu para justificar a falta de recursos para comprar o seu produto ou pagar pelos seus serviços.

> CLIENTE: "Nós simplesmente não temos os recursos necessários para pagar 50 reais a mais por mês. Os gêmeos acabaram de colocar aparelhos nos dentes e tivemos que ajudar a mamãe a pagar as despesas dela com saúde. Sally está fazendo menos horas extras e nossos gastos só crescem. Na verdade, nos últimos dois anos, contraímos mais de 30 mil reais em dívidas no cartão de crédito."
>
> VENDEDOR: "Sr. Cliente, além de todos os fatores que o senhor acaba de enumerar, existe alguma outra coisa impedindo vocês de irem em frente com a compra hoje?"
>
> CLIENTE (um tanto surpreendido e incrédulo): "Não, mas acho que o que lhe contei é motivo suficiente!"
>
> VENDEDOR: "Sr. Cliente, para ser honesto, tenho carros que posso lhe vender por 50 reais a menos por mês se

dinheiro é o mais importante. Mas, com base no que me contou logo de início, não serão os modelos que vão satisfazer as suas necessidades, da sua mulher e dos gêmeos. Pense nisso da seguinte maneira: se o senhor já está com uma dívida de 30 mil reais, outros 50 por mês, além do que estava esperando pagar, não farão muita diferença, e por 1,75 reais por dia a mais do que o senhor esperava pagar vai levar o que realmente deseja e necessita e não vai ter que se contentar com menos. No meio de todos os seus problemas, esse carro poderá ser uma coisa positiva para ajudar a mudar a sua sorte."

Lembre-se: na hora de vender é importante ter empatia, mas nunca pena. A diferença entre a empatia e a pena é a perda da objetividade. Não perca de vista o fato de que o seu objetivo é envolver o cliente com o seu produto ou serviço e vender para ele o mais depressa possível.

6. O fechamento "diga não aos sanguessugas".

Situação: você praticamente fechou o negócio, mas o comprador em potencial tenta conseguir aquela última concessãozinha.

CLIENTE: "Diga ao seu patrão que, se ele incluir a garantia estendida, eu levo hoje."

Se você se levantar e for verificar com o seu chefe, estará cometendo uma imensa falha de negociação: terá dado esperança ao cliente! Se houver criado uma boa relação com ele, vai se livrar da maioria dos sanguessugas com a seguinte resposta:

VENDEDOR: "Não o culpo por tentar, Sr. Cliente. Mas o senhor nos deu uma canseira tão grande para conseguir este preço que eu não conseguiria acrescentar nem mais uma fatia de queijo aí no meio. É só assinar aqui que o senhor estará em casa a tempo para o jantar."

Ao desconsiderar essas tentativas de lhe explorarem sem fazer muito alarde a respeito – e sem verificar com o seu gerente – você mantém os lucros altos e os clientes felizes. Afinal de contas, a última coisa que quer é que o cliente ache que não conseguiu o melhor negócio possível. Se você falar com o seu gerente e, a seguir, voltar com alguma concessão, terá dado uma brecha para o comprador pensar que ainda pode conseguir mais, e é bem provável que ele continue a intimidá-lo até você acabar com uma comissão mínima.

Não largue o cliente!

Além de dizer "não aos sanguessugas", proporcionei outras técnicas no decorrer deste livro que vão prepará-lo para permanecer ao lado do CDP e negociar antes de precisar verificar alguma coisa com o seu gerente ou conseguir uma aprovação com alguma autoridade maior. As estratégias de "fechamento de manutenção" ou de "redução ao ridículo" para justificar um pagamento mais alto, apresentadas no Capítulo 3, são ferramentas que podem ser usadas nesse sentido, assim como a técnica do "se está alto demais, é exatamente por isso que você deve levar agora", explicada no Capítulo 8. Quanto mais tempo você conseguir ficar com o seu comprador em potencial sem ter que recorrer ao seu chefe, mais credibilidade seu preço ganhará, mais rapidamente você conseguirá fechar negócio e maiores serão seus lucros.

7. O fechamento “por motivos de integridade pessoal”.

Eric Samuelson faz um trabalho incrível administrando o departamento de perfis de funcionários, contratações e treinamento da LearnToLead. Eric lida com empresários de todo o mundo que compram nossos produtos de avaliação e me contou a seguinte estratégia que você talvez possa usar, dependendo do que vender:

“Um cliente difícil, que havia pesquisado o nosso produto para avaliação de candidatos, mas que não fechou negócio, ligou de volta depois de cinco meses sem retornar as minhas ligações de continuidade à nossa conversa inicial. Ele confessou que realmente havia gostado do nosso sistema e que a única coisa que o impedia de fechar negócio era o preço. Ele perguntou ‘se havia algum dado novo’. É claro que presumi que estava querendo saber se havia possibilidade de negociar um preço melhor. Então, respondi: ‘Tem muita coisa nova. Acrescentamos dezenas de clientes desde que conversamos pela última vez.’ Eu disse a ele como muitos dos nossos clientes estavam tendo meses de vendas recorde e que os líderes estavam nos relatando que muitas das contratações ruins haviam sido eliminadas.

“Ele perguntou se eu poderia ‘ajudá-lo com o preço’. Eu lhe disse que, ‘por motivos relacionados à minha integridade pessoal, todo mundo estava sujeito à mesma lista de preços. Isso se aplica ao Sr. Smith com as suas 11 distribuidoras e ao Sr. Jones do interior da Louisiana que tem 12 funcionários’.

“Agreguei ainda mais valor ao produto, citando o novo perfil em grupo, o sistema de entrevistas, que logo acrescentaríamos, e o teste de vendas Anderson, já em versão beta. Eu lhe disse que estaria à sua disposição para ajudá-lo a entender os perfis e que a nossa intenção era estabelecer um relacionamento, não uma mera transação. Acrescentei: ‘Esperamos que o senhor nos veja como um parceiro de confiança, que poderá ajudá-lo a tomar decisões sábias na hora de contratar novos funcionários.'

"Ele disse: 'Então vamos nessa.'

"Eu perguntei: 'E qual é o tamanho do pacote que o senhor deseja fechar?'

"Então ele fez o que qualquer empresário sensato faria e encomendou o maior pacote."

Sete coisas a fazer quando você perder uma venda

Algumas vezes, apesar de todo o seu empenho e de suas habilidades altamente desenvolvidas, você acaba perdendo um negócio. Pode acontecer quando o cliente diz "não". Em outros momentos, acontece quando um cliente dá para trás depois que um contrato já está assinado. Embora você não possa influir sobre o que aconteceu que o impediu de ter sucesso, pode influir na sua reação. Seguindo os sete passos do que fazer quando perder uma venda, você ainda poderá usar o tempo que investiu no CDP para lhe pagar dividendos.

1. **Salve a venda!** Não desista cedo demais. Persista até conseguir fechar negócio ou determinar, honestamente, que não tem mais jeito. O especialista em vendas e escritor Ralph Roberts calcula que 75% dos negócios tidos como perdidos podem ser salvos se o vendedor permanecer positivo, persistente e criativo. Conheço um vendedor de carros de New Hampshire que dá continuidade aos seus contatos até o comprador em potencial comprar ou morrer. E dizem que, quando ele ouve falar que a pessoa faleceu, vai ao velório só para ter certeza.

2. **Descubra por quê.** O retorno que você receber poderá ajudá-lo a se aprimorar e a fazer a venda perdida reembol-

sá-lo muitas e muitas vezes no futuro. Pergunte ao cliente: "Estou sempre tentando melhorar minhas habilidades então, por favor, me diga: por que decidiu comprar em outro lugar? Você não vai me magoar. Vai me ajudar a ser melhor no que faço." E aprenda com a resposta.

3. Permaneça em contato com o cliente. Você pode ter perdido a batalha, mas ainda pode ganhar a guerra. Muitas vezes, clientes se arrependem da sua decisão de ter procurado outro lugar quase imediatamente após a compra. Fique por perto. Mantenha a pessoa na sua lista de correspondências e e-mails, telefone e pergunte: "E então, como eles estão tratando o senhor? Está tudo bem?" Posso lhe garantir que essas pessoas lhe indicarão outros clientes e que comprarão com você da próxima vez que precisarem de um produto como o seu.

4. Agradeça-lhes pelo tempo dispensado. Envie cartas agradecendo-lhes pelo tempo e pela consideração. Esse ato vai distingui-lo de 99% dos outros vendedores. Isso não só lhe abrirá portas para futuras indicações e vendas como criará um impacto ainda maior se a pessoa que fez a venda não anda cuidando do cliente.

5. Peça indicações. Se você seguir todos os passos anteriores, será ainda mais fácil conseguir indicações a partir de uma venda perdida. Não tenha receio de pedir. Muitas vezes o motivo que levou um cliente a comprar em outro estabelecimento não o inibirá de lhe enviar os seus amigos. Ao pedir indicações, você também deixa a porta aberta para a própria pessoa que não comprou com você.

6. Siga em frente! Se você encarar uma venda perdida como uma oportunidade de aprendizado, estará preparado para seguir em frente. Não leve a perda para o campo pessoal. Faz parte do seu trabalho. Saiba que essa venda perdida acaba de deixá-lo mais perto do seu próximo negócio.

7. **Procure uma saída elegante.** Eis a situação: o cliente acaba de rejeitar sua última oferta e está pronto para ir embora. Você tentou de tudo sem sucesso e não tem mais espaço de manobra para negociar o preço.

Deixe o cliente com uma impressão muito favorável de você e da sua empresa. Mantenha-se profissional, alegre e maduro. Diga algo como:

"Sr. e Sra. Clientes, sinto muito que as coisas não tenham funcionado para nós hoje. Mas quero lhes dizer que foi muito bom conhecê-los e ter tido a oportunidade de negociar com os senhores. Se reconsiderarem e decidirem que querem fechar negócio, avisem assim que possível. Vocês jamais se arrependerão de serem donos de um produto nosso ou de terem a mim como seu vendedor."

Quando você perde uma venda, é ainda mais importante procurar uma saída alegre, amigável, otimista e educada. Isso porque o comprador tende a justificar a decisão tomada – quer tenha sido um sim ou um não. Se ele comprou, falará mais sobre o produto e menos sobre o vendedor. Mas se não fechou negócio e, por acaso, houve algum conflito de personalidade, você pode estar certo de que os comentários negativos serão sobre o vendedor.

Duas considerações finais

Ao chegarmos ao fim de nossa jornada para vender mais, mais rapidamente e com lucros maiores, inclusive para CDPs, eu gostaria de fazer duas considerações finais:

1. Não existe a menor chance de você ter conseguido extrair tudo o que podia lendo este livro uma única vez. Este livro foi criado para ser estudado, não para ser folheado ou lido por divertimento. Estude-o, repetidamente. Selecione as técnicas mais adequadas à sua realidade e transforme-as em temas para um treinamento semanal. Estudar regularmente as passagens que você sublinhou e os resumos encontrados ao final de cada capítulo vão mantê-lo afiado.

2. Permaneça humilde. Em outras palavras, independentemente de quanto você se tornar bem-sucedido ou de quanto dinheiro ganhar, não ache que sabe tudo. Mantenha-se humilde, disposto a descobrir coisas novas e a ter a mente aberta. Escute o que os outros têm a dizer e continue a aprender tudo o que puder sobre a natureza humana e sobre a arte de vender. O segredo para se tornar um ótimo vendedor é jamais acreditar que você é o máximo – mesmo que seja.

"Mesmo que você esteja no caminho certo, pode acabar atropelado se ficar sentado e parado." – Will Rogers

---

Resumo

1. Você fará mais vendas se não se preocupar tanto em perdê-las. Quanto mais preparado estiver para abrir mão de um negócio, menor será a frequência com que isso acontecerá.

2. Use as sete frases e fechamentos poderosos a seguir e venda para um CDP hoje mesmo:

- O fechamento do "especialista em negociações".
- O fechamento da "preocupação muito maior".
- O fechamento "este não é o meu melhor preço".
- O fechamento do "volto já".
- O fechamento "empatia, sim; pena, não".
- O fechamento "diga não aos sanguessugas".
- O fechamento "por motivos de integridade pessoal".

3. Quando você perder uma venda, eis as sete coisas a fazer:
   - Salve a venda!
   - Descubra por quê.
   - Permaneça em contato com o cliente.
   - Agradeça-lhes pelo tempo dispensado.
   - Peça indicações.
   - Siga em frente!
   - Procure uma saída elegante.

Bibliografia

Anderson, D. *Selling above the crowd.* Nashville, EUA: Horizon, 1999.

Bauer, J. & Levey, M. *How to persuade people who don't want to be persuaded.* Hoboken, EUA: Wiley, 2004.

Dimitrius, J. *Decifrar pessoas.* Rio de Janeiro: Campus, 2000.

Dow, R. & Cook, S. *Turned on.* Nova York: HarperCollins, 1996.

Girard, J. *Como vender qualquer coisa a qualquer um.* Rio de Janeiro: Record, 1981.

Gitomer, J. *A bíblia de vendas.* São Paulo: M. Books, 2005.

Gitomer, J. *O livro vermelho de vendas.* São Paulo: M. Books, 2007.

Hogan, K. *Você pode influenciar pessoas.* São Paulo: Futura, 2006.

Lewis, C.S. *Cristianismo puro e simples.* São Paulo: Martins Fontes, 2005.

Roberts, R. *52 weeks of sales success.* Nova York: HarperCollins, 1999.

Ziglar, Z. *Ziglar on selling.* Nashville, EUA: Nelson Business, 2003.

Agradecimentos

Gostaria de agradecer às centenas de milhares de compradores dos meus outros livros e CDs, pois, sem vocês, este livro não seria possível. Afinal de contas, nenhum editor continuaria a permitir que um escritor continuasse a produzir obras fadadas ao fracasso. Também gostaria de manifestar minha gratidão ao editor Matt Holt e à John Wiley & Sons pela colaboração, pela flexibilidade e pelo sólido apoio que ofereceram aos meus livros.

CONHEÇA OUTROS TÍTULOS DA EDITORA SEXTANTE

COMO SE TORNAR UM CAMPEÃO DE VENDAS

Allan Pease

Em *Como se tornar um campeão de vendas*, Pease parte da lei das médias para explicar que as regras 1, 2 e 3 das vendas são contatar o maior número possível de pessoas, pois quanto mais tentativas de negócio você fizer, mais essa lei trabalhará a seu favor.

O livro também mostra os benefícios do marketing de rede e ensina a estabelecer uma identificação com o cliente, fazê-lo se interessar pelo que você diz e descobrir informações úteis. Você saberá se portar diante de qualquer pessoa, fazendo as perguntas certas, usando os melhores argumentos e dando espaço para que ela mesma forneça a você a principal motivação para fazê-la comprar.

LIDERANÇA PARA UM MUNDO MELHOR

Dalai-Lama e Laurens van den Muyzenberg

Liderança para um mundo melhor é o encontro inédito entre duas realidades: a do budismo tibetano, de Sua Santidade, o Dalai-Lama, e a do mercado globalizado, do consultor administrativo Laurens van den Muyzenberg.

Com explicações conceituais, exercícios de meditação e exemplos de iniciativas empresariais que fazem uma grande diferença no mundo, esse livro vai ajudá-lo a se tornar um líder mais justo e eficiente. Você aprenderá a analisar diversos pontos de vista e, dessa forma, poderá tomar decisões melhores, aumentando a qualidade de vida das pessoas à sua volta e tornando sua empresa mais responsável, ética e lucrativa – pronta para enfrentar os desafios cada vez maiores do século XXI.

O PONTO DA VIRADA
Malcolm Gladwell

Você já ficou intrigado pensando no que faz com que um produto, um serviço ou mesmo atitudes virem moda da noite para o dia? Nesse livro, Malcolm Gladwell apresenta uma maneira instigante e original de entender fenômenos sociais desse tipo: vê-los como epidemias.

Partindo dessa tremenda influência que sofremos do meio, Gladwell pergunta: por que então algumas epidemias que poderiam ser "boas" não emplacam?

Sua reposta é que as pessoas podem transformar radicalmente seus comportamentos ou suas crenças desde que estejam diante do estímulo certo. E aqui ele nos mostra como identificar e até construir esses estímulos.

FORA DE SÉRIE – OUTLIERS
Malcolm Gladwell

Costumamos acreditar que trajetórias excepcionais, como a dos gênios que revolucionam o mundo dos negócios, das artes, das ciências e dos esportes, devem-se unicamente ao talento. Mas nesse livro você verá que o universo das personalidades brilhantes esconde uma lógica muito mais fascinante e complexa do que aparenta.

Baseando-se na história de celebridades como Bill Gates, os Beatles e Mozart, Malcolm Gladwell mostra que ninguém "se faz sozinho". Todos os que se destacam por uma atuação fenomenal são, invariavelmente, pessoas que se beneficiaram de oportunidades incríveis, vantagens ocultas e heranças culturais. Tiveram a chance de aprender, trabalhar duro e interagir com o mundo de uma forma singular. Esses são os indivíduos fora de série – os *outliers*.

CONHEÇA OS 50 CLÁSSICOS DA EDITORA SEXTANTE

Espiritualidade/Inspiração

A cabana, de William P. Young
Muitas vidas, muitos mestres, de Brian Weiss
Jesus, o maior psicólogo que já existiu, de Mark W. Baker
Conversando com os espíritos, de James Van Praagh
A última grande lição, de Mitch Albom
O Mestre dos Mestres, de Augusto Cury
O Poder do Agora, de Eckhart Tolle

Negócios

O monge e o executivo, de James C. Hunter
Como se tornar um líder servidor, de James C. Hunter
Jesus, o maior líder que já existiu, de Laurie Beth Jones
O ócio criativo, de Domenico De Masi
Faça o que tem de ser feito, de Bob Nelson
A hora da verdade, de Jan Carlzon
Transformando suor em ouro, de Bernardinho

Ficção

O Código Da Vinci, de Dan Brown
Ponto de Impacto, de Dan Brown
Anjos e Demônios, de Dan Brown
Fortaleza Digital, de Dan Brown
As cinco pessoas que você encontra no céu, de Mitch Albom
O guardião de memórias, de Kim Edwards
A conspiração franciscana, de John Sack

Livros de bolso

Dez leis para ser feliz, de Augusto Cury
Seja líder de si mesmo, de Augusto Cury
Você é insubstituível, de Augusto Cury
Palavras de sabedoria, de Sua Santidade, o Dalai-Lama
A vida é bela, de Dominique Glocheux
Filtro solar, de Mary Schmich

Posso conseguir o que desejo, de Iyanla Vanzant
Quem acredita sempre alcança, de Peter McWilliams

Autoajuda

Por que os homens fazem sexo e as mulheres fazem amor?, de Allan e Barbara Pease
Desvendando os segredos da linguagem corporal, de Allan e Barbara Pease
Por que os homens mentem e as mulheres choram?, de Allan e Barbara Pease
Nunca desista de seus sonhos, de Augusto Cury
Pais brilhantes, professores fascinantes, de Augusto Cury
Não leve a vida tão a sério, de Hugh Prather
Mantenha o seu cérebro vivo, de Laurence Katz e Manning Rubin
A Boa Sorte, de Álex Rovira Celma e Fernando Trías de Bes
Enquanto o amor não vem, de Iyanla Vanzant
O poder da paciência, de M. J. Ryan
Os segredos da mente milionária, de Harv T. Ecker

Coleção *Você S.A.*

Aprendendo a lidar com pessoas difíceis, de Rick Brinkman e Rick Kirschner
Como administrar seu tempo, de Marc Mancini
Como motivar sua equipe, de Anne Bruce

Coleção *Autoestima*

O poder das afirmações positivas, de Louise Hay
Histórias para aquecer o coração, de Jack Canfield e Mark Victor Hansen
Lições sobre amar e viver, de Morrie Schwartz

Referência

1001 filmes para ver antes de morrer, de Steven Jay Schneider
1001 discos para ouvir antes de morrer, de Robert Dimery
1001 vinhos para beber antes de morrer, de Neil Beckett
1.000 lugares para conhecer antes de morrer, de Patricia Schultz

INFORMAÇÕES SOBRE OS PRÓXIMOS LANÇAMENTOS

Para receber informações sobre os lançamentos da EDITORA SEXTANTE, basta cadastrar-se diretamente no site www.sextante.com.br

Para saber mais sobre nossos títulos e autores, e enviar seus comentários sobre este livro, visite o nosso site www.sextante.com.br ou mande um e-mail para atendimento@esextante.com.br

EDITORA SEXTANTE
Rua Voluntários da Pátria, 45 / 1.404 – Botafogo
Rio de Janeiro – RJ – 22270-000 – Brasil
Telefone: (21) 2286-9944 – Fax: (21) 2286-9244
E-mail: atendimento@esextante.com.br